为 人 生 提 供 领 跑 世 界 的 力 量

BLACK SWAN

大人のための読書の全技術

超级阅读术

[日] 斋藤孝 著
赵仲明 译

北京联合出版公司
Beijing United Publishing Co.,Ltd.

图书在版编目（CIP）数据

超级阅读术 /（日）斋藤孝著；赵仲明译. —北京：北京联合出版公司，2016.4

ISBN 978-7-5502-6161-7

Ⅰ.①超… Ⅱ.①斋… ②赵… Ⅲ.①读书方法–通俗读物 Ⅳ.①G792-49

中国版本图书馆CIP数据核字（2015）第221772号

超级阅读术

作　　者：斋藤孝
译　　者：赵仲明
责任编辑：王　巍

北京联合出版公司出版
（北京市西城区德外大街83号楼9层　100088）
北京市雅迪彩色印刷有限公司印刷　新华书店经销
字数188千字　889毫米 × 1194毫米　1/32　7.75印张
2016年4月第1版　2016年4月第1次印刷
ISBN 978-7-5502-6161-7
定价：38.00元

本书若有质量问题，请与本公司图书销售中心联系调换。电话：010-82069336

前言

本书写的是关于读书方法的一切——“如何比别人读得更多、比别人读得更精、读后马上就能用于工作”。

怎么可能有这等美事？如果你这样想的话也不是没有道理，尤其是被工作缠身的职场人士更会这么想吧。之所以这么说，是因为众多拼搏于职场的人，要完成眼前的工作、拿出满意的成绩，这就足以让人筋疲力尽了。“给我多少时间都不够用”，这是大多数职场人士的实际感受，“实在拿不出读书的时间”——发这种牢骚的人也不在少数。

对于这样的你，只要把读书当成“享受”就行了。读书不是修行。如果你觉得读书很费力、很痛苦，那是因为你不了解正确的读书方法。在这本书里，我会慢慢告诉你，只要你掌握了正确的读书方法，“享受”到读书的乐趣，那么，不知不觉中你就能以正确的姿态来读大量的书了。

掌握正确的读书方法，不需要才能和天赋。然而，一旦掌握了正确的读书方法，知识和修养便会迅速增加和提升，你就会变成一个聪慧的人，不断有各种新的念头涌现。

我现在是明治大学教授，指导着很多学生。每周一至周五，我担任电视台早间信息节目的主持人。由于是直播，所以不允许出错，工作要求十分严苛。我还在写书。我每天的生活节奏如此紧张，但我还坚持读书。这是为什么？因为不读书的话，绝对做不好工作。

我之所以能在每天繁忙的工作中还能读很多书，就在于在长时间的阅读中，我练就了自己最强的读书技能。在这本书里，我将毫无保留地告诉你我所有的技能。

当下，通过报纸、电视、互联网等各种媒介，我们被众多的信息所包围。高度信息化的现代社会，前所未有地要求人们具备形形色色的知识和修养。并且，各种领域中的知识和修养在不断更新，我们每天不得不吸收最新的东西。

要在庞大的信息群中选择自己真正需要的信息，建立体系，将它变成自己的知识，这是十分艰巨的工作。无法做到这一点的人，一定会被时代所淘汰。

如果是在从前，只要在毕业之前积累一定的基础知识，加上进入社会后所经历的实际体验，差不多就能跟上时代脚步了。然而，在急速变化的现代社会中，只具备学生时代所掌握的知识和信息，应付不了所发生的一切。

那么，应该怎么做呢？怎么做才能在这个残酷的竞争社会中生存下去，并且比别人更胜一筹呢？

我认为，掌握正确的读书方法，“比别人读得更多、比别人读得更精、读后马上就能用于工作”，这是唯一的解决方法。

的确，网络被无穷的信息所充斥。但是，即便你熟谙那些无序地在网络空间里飞舞的信息，也无法将它们变成自己的东西。虽然你所知道的东西增加了，但那些只不过是不能称为知识的无秩序物的集合体。因此，无论怎么浏览网页，你都无法学到可以实际运用的活的知识。

相反，在数据的基础上对信息加以整理并建立体系的是“书籍”，它们中的大多数应时代的要求而生。书的作者在认真确定好一个题目后，对信息进行缜密检验和整理，最后才变成了书。也就是说，你想要最有效地吸收对自己有用的知识，将知识变成自己的东西，可以利用的工具就是“书籍”。在这一意义上，可以毫不夸张地说，对现代人而言，没有比书籍更不可缺少的东西了。

读书赐予你力量——它磨炼你的意志、丰富你的人生。

读书，原来如此重要。

事实上，如果读书不能磨炼你的意志、提高你的能力，只能帮助你完成工作，那么，作为一个职场人士，你绝对得不到成长，也不能获得周围人的好评。这样的你会被视为不值得培养的人而得不到晋升的机会。不仅如此，一旦公司经营出现问题，你便会第一个成为被裁员的对象。到了那一天你再来后悔“啊，如果多读点书，好好提高自己就好了”为时已晚。

从我自身的体会而言，职场人士似乎比学生更能强烈地感受到读书的重要性。在我所教的在职人员的班里，无论是在课堂上还是在研讨会上，他们都比学生表现得更加积极。身处竞争格外激烈的职场中的人，他们需要具备比学生时代更高水准的知识。所以，越是有思想的人，就越有紧迫感，因为他们必须掌握真正的知识。

因此，为了在有限的时间里读更多的书，就需要掌握“读书方法”这一技能。

本书由以下几个部分构成：

序言：详细说明为什么职场人士需要具备读书的技能

第一章：介绍培养读书习惯的秘诀

第二章：介绍以大量读书为目的的速读全技能

第三章：介绍以提高读书质量为目的的精读全技能

第四章：介绍将读书效率最大化的选书全技能

第五章：介绍将读书收获的知识用以工作的全技能

附录：介绍值得当下职场人士阅读的50本书

本书中的每一章都是通往掌握读书技能的不可缺少的阶梯，因此，即便你是完全不知道如何读书的人，只要从头往下读这本书，就能一点点地掌握读书技能。当你读完这本书的时候，读书的所有技能便都进入了你的脑子。

本书很厚，密度也很高，有着比普通书多出将近一倍的内容。作为作者来说，我在这本书里倾注了很多心血。我想把本书中的读书技能传授给你，使我的心血不至付之东流。

读完这本书吧，让我写的有关读书的所有技能化成你身体中的一部分！

让我们在这个残酷的现代社会中好好地活下去吧！

contents

目 录

第四章 拓展读书范围——选书的全技能 / 107

第五章 让读书成为武器——输出的全技能 / 137

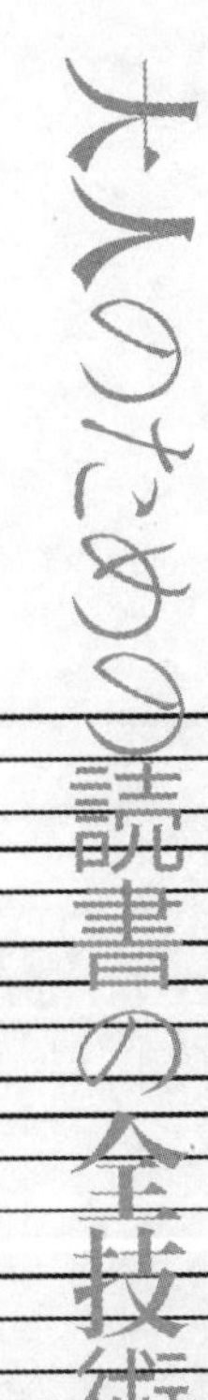

序章

职场人士尤其需要掌握读书技能的理由

读书，可以直接向古今、东西方的伟人学习

我想，现代是“人有意识地设计自己、提升自己的时代”。在职场上获得成功的人，他们有着自我设计的强烈意识。当然，如果你只会随大溜，这一话题便无从谈起。

自己想要成为什么样的人？想要过什么样的生活？只有明确了目标，朝着这一目标努力，才能让自我设计成为可能。

然而，这不是一件容易的事。

要设计好自己的人生以及生活方式，并使之得以提升，有两点绝不能缺少：第一点，**向前人学习自我设计的方法**；第二点，**培养强烈的进取心**。这里的进取心也可以换成精神力量、思考能力。

那么，如何获得这两点呢？那就是从书本的世界里获得。

我通过读书爱上了“私淑”这种学习方法。即使与伟人没有直接谋面，但我们还是尊其为师，向其学习……这种虚心的学习态度和“私淑”直接相关。并且，**在古今东西伟人所留下来的书中，有着有助于人生设计的众多启示**。此时，你不用考虑自己与伟人有多大差距，领域有多么不同，关注他是如何学习的才是重点。

例如，我在读到爵士小号音乐家迈尔斯·戴维斯的自传时，感到格外振奋。

他是个十分热爱学习的人，不仅向爵士萨克斯风大师查理·帕克那样的天才学习，也和年轻人在一起，“贪婪”地向他们学习，还经常去图书馆。

读了他的自传，我会想：原来是这样啊，迈尔斯·戴维斯在音乐领域里是这样学习的啊！这么说来，我在自己的领域里……也就是说，我可以将他的领域转换成我的领域来如此这般地学习。

被人称作天才、伟人的人都很善于学习，或者说他们有着强烈的学习热情，因此我们可以从他们那里得到很多启示，他们甚至还能激发起我们浑身的干劲。

另外，肩负着重要工作的人，每天面临很多难题。仅就学习如何面对难题、克服难题的方法这一点而言，读书也十分重要。

例如，《史记》的作者司马迁，他由于替李陵说情而被当时的皇帝——汉武帝处以残忍的宫刑（强制实施阉割，又称为“腐刑”），没有比汉武帝的这种行为更丧尽天良的了。

司马迁写道：“诟莫大于宫刑”，“仆以口语遇遭此祸，重为乡党所笑，以污辱先人，亦何面目复上父母之丘墓乎？”然而，为了完成《史记》的写作，他选择了忍辱负重地活下去。

与司马迁相比，职场上受到一点非议、发生一些让人觉得不近情理的事情，实在是微不足道。如果遇到这么一点事就不想工作的话，也太愧对司马迁了。

当然，你如果说我和司马迁怎么能比，我确实无话可说。可是，我希望你牢记，你可以从司马迁那里受到启发和鼓舞，以此来设计自己的人生。

通过读书增加“意义含有率”，飞速提高职场人士必备的思考能力

正如我在“前言”中所提到的那样，你可以通过电视或者互联网来学习知识，遗憾的是你学不到通过读书才能学到的“系统的、能活用的知识”。进而，还有一种无法从电视、互联网上获得，只有通过读书才能据为己有的决定性的东西，那就是用于在社会上生存下去的“思考能力”。

通过电视、互联网获得信息这种行为，不是如同读书那样的主体性行为，它仅仅停留在单方面的信息接受上。看电视、浏览网页，全然不需要接受特别训练，是十分轻松的事情，但反过来说，它缺少将信息变成自己的知识的过程。当你在不经意地看电视、浏览网页时，众多信息从眼前飘然而过，于是，你以为达到了自己的目的。因此，就算你有意识地接触到了大量的信息，也无法很好地吸收，当然也就不能提高你的知识输出能力。

相反，**读书可以锻炼你的思考能力**。它要求你经历这样一个过程：咬文嚼字，在脑子里回味那些文字的含义，进而将它们变成自己的知识。为此，我们需要集中精力，开动整个脑子。

只有集中精力读书，才能提高思考能力，才能将从书本里获得的知识变成自己的知识。

但是，大多数人从一开始就无法集中精力读书，更何况通过读书来提高自己的思考能力需要经过很长时间的训练。读书的训练，有点类似于肌肉训练，需要通过逐步增加负荷量来加以锻炼，从而养成长时间保持精力集中的能力。

换言之，**你必须将读书变成日常生活中的一种习惯，在此基础上，持续有效地增加读书量**。也许一开始你会感到有些困难。不过，**这种训练对任何人来说都是力所能及的，而且极其有效。**

同时，能否将读书的技能变成自己的技能，这显然体现了一个人的能力。

你也许认为，那些没有将读书变成生活习惯的日本人不是也能读懂日语书吗？但是，这种人的读解能力非常低下，也就是说，他们读文章时，经常会发生理解上的错误。

而读书的人和不读书的人相比，总体而言前者善于思考。那些容易分心、很难养成严谨的思考能力，以及说话支吾、语焉不详的人，大多缺少读书量。

比如，听一个人说话，大致可以判断出那个人所掌握的词汇量的多寡，这也可以称为“活字量”吧。这一**活字量，基本上与说话人思考问题的速度成正比**。如果思考问题的速度加快了，活字量也就随之增长，一定的单位时间里的谈吐的“意义含有率”也就增加了。

所以，听言语干脆的人（活字量大的人）说话，马上就能明白，而听言语支吾的人（活字量小的人）说话就很费力。**要提高会话中的词义含有率，读书是最好的办法**。将读书变成一种习惯，可以培养自己快速读取、理解内容、抓住要点的能力，并将这些能力通过你的谈吐表现出来。如此培养起来的思考能力，一定能成为你工作上的强大武器。

坚持读书，积蓄抗压的精神能量

前面我已经谈了通过读书来提高思考能力的问题。然而，通过读书提高的不仅仅只有这一种能力。它还能**大幅度地提升作为你精神能量的知性**。

说到“精神能量”，也许你会立刻联想到“经过千锤百炼的坚定不移的精神”。但是，我所说的“精神能量”与此稍有不同。

不知从什么时候起，吐槽在工作上以及人际关系上筋疲力尽的人多了起来。对于那些人，很多人会用“应该多磨炼你的精神”等话语来激励。

然而，精神能量这种东西，无论你通过习武还是坐禅，都无法在短时间内养成。何况在变幻莫测的现代社会环境中，与其说我们需要“不屈服于任何人的钢铁般的精神力量”，不如说更需要“能顺应任何风云变幻的精神能量”。站在这一角度而言，我觉得**不能将精神能量看成是纯精神上的力量，而更应该将它视为一种技能。**

为了积蓄具有韧性的精神能量，最重要的就是通过读书来培养知性，提高经验值。

通过读书，体验先人们体验过的事物，能提升自己的理性经验值。由此，我们又可以将先人们通过不断钻研积累起来的各种成果化为自己的知性。提升了知识理性的经验值，就拥有了抗压的力量。

比如说，在刚刚入职的第一年，你会感到巨大的压力，觉得自己疲惫不堪，但过了两年、三年，很多人忽然发现自己对工作变得应付自如了。这是因为经验值提升了，你适应了工作。有了经验便适应了工作，也就感觉不到那么大的压力了。这是丰富的知识和经验使得作为精神能量的知性得到提升的佐证。

现在由于工作上遇到困难而备感压力的人，请你按照下面的程序来做一下吧。

首先，请你面对眼前的困惑回忆一下过去的实际经验，或者读到过的书。随后，请高声说出："这个工作做了一年之后就会习惯的，习惯后遇到一点小事就不会感到压力了。"或者说："我在书中读到过这种事，知道怎么解决。"

哪怕就做这么一点点事，你精神上的压力也一定会有所减轻。这种灵活缓解压力的武器，正是"作为精神能量的知性"。而积蓄知性的最好方法，就是读书。

读书，
也能练就生意场上所需的强劲大脑

佛教用语中有一个词叫"慈悲"。

慈悲的"慈"本意是给朋友和同胞带来利益和安乐，"悲"的本意是帮助朋友和同胞脱离苦难、去除苦难。用现在的话来说，不就是服务于人的意思吗？

比方说有人在工作上遇到了困难。

你说"这点小事我来做"，从而为别人提供了帮助。如果别人觉得"啊，我变轻松了"，那就是"慈"的力量起作用了。或者说，你帮别

人解决了难题，也就是助人脱离了苦难，那就是所谓的“悲”了。

一般人认为，行慈悲需要有极其高尚的人格，但稍稍换一个角度来思考的话，**可以说，商场上最重要的同样是慈悲。**

我举个极端的例子。比如，在收银台上敏捷地操作收款机或许也可称为慈悲。因为在如此忙碌的现代社会中，快速地完成收银工作，也就消除了顾客焦虑的情绪。最近在便利店变得多起来的“餐叉式站队”（即顾客排成一队，按顺序去空出的收银台结账的方式），同样是为了消除顾客的急躁情绪、减少冲突而设置的，因此，也许可以说这是一种具有慈悲精神的方式。

现代的商场，要求人们能够切实地了解客户需求并加以应对，而且需要迅速作出反应，我们从这样的服务中感受到慈悲。但如果操作收款机的能力低下、设置的等候方式不是“餐叉式站队”而是杂乱无序的队列，那么接受服务的人的情绪马上就会变得焦虑不安。

现代社会，人们的价值观变得前所未有地多样化，不具备各种能力和知识就无法跟上时代潮流。

因此，在职场上打拼的每一个人，需要灵活而具体地应对出现的每一个变化。**强化自己的大脑，随时调动自己的知识和意识，这已经成为当务之急。为此，我们需要做的就是：读书。**

在不断读书的过程中，知识和意识的容量会逐渐增加，前额叶变得愈发活跃，大脑也随之变得愈发强大。**拥有一个强劲的大脑，才是**

人在现代社会中最需要的资质，这样说并不过分。

让读书成为习惯，使自己成为不断进步的人

读书的作用还有很多。

例如，读书前、后，人的视野发生了巨大变化，这可以说是读书产生的重要作用。这对于不怎么读书的人来说是无法实际感受到的，但对于喜欢读书的人来说，谁都明白这一点。连续读了20本书后，你一定会感叹："啊，读了这些书，我的视野也变宽阔了。"

接下来的目标便是读100本书。超过100本后，读书在你的生活中就变成了自然而然的事，也就是说你已经将读书变成了一种习惯。

你自己回过头去看一下，一个月只读一本或两本书的人，称不上已经养成了读书的习惯。而如果保持一周读一本书、一个月读4本书的节奏的话——虽说还只是最低限度的数量——姑且也还可以称得上正在养成习惯。

进而，一周挑战两三本新书的人，可以说已经达到了将读书变成生活习惯的境界。

所以，想要将读书变成一种习惯的人，请先回头看一看过去的一

周，确认一下能否说出已经读过的书名，杂志和读起来比较轻松的小说除外。然后，计算一下花在购书上的费用，算出它在自己可以自由支配的收入中所占的百分比。

在人的收入中，生活费所占的比重称为“恩格尔系数”，你需要计算出的是自己的“购书系数”。购书费在可以自由支配的金额中所占不到一成的人，并没有养成读书的习惯。

收入高低因人而异，即便收入低，只要下功夫，一定也能找到廉价购书的办法。即使这样，购书额在能自由支配的收入中还占不到一成的人，说得稍微刻薄一点，他们作为社会中的一员，在让自己脚下的地基下沉。

地基下沉，并不只是个人的问题，我担心的是，国家的地基下沉。

一个人不读书，他的人生并不一定就会变得不圆满，从不看书的人也能过上幸福生活。但是，从整个社会的层面去思考的话，**如果社会上不读书的人变得越来越多的话，那么，这个国家的国力就会下降，**这一点我可以断言。

福泽谕吉在《劝学篇》中写到了学习的重要性。我从翻译成现代文的《现代文译劝学篇》（筑摩新书出版）中引用一段话：

学问是一个广义词，既指精神层面上的东西，也指物质层面上的东西。修身学以及宗教学、哲学等是精神领域里的学问，天文、地理、化学等是物质领域里的学问。不管在哪个领域，学问的目的都在于开拓知识修养的领域，准确把握事物的法理，让人懂得为人的使命。为了拓展知识修养，就必须不耻下问、自我磨炼、大量读书。

实际上，福泽谕吉在接下来的文章中写道，仅有文字的阅读不称其为学问。观察实际的生活、实际的经济、现实世界的动向，这一切都是重要的学问。

尽管如此，**所有学问的基础仍在于读书，这一点毋庸置疑**。连书都懒得读的人，不可能真正站到学问的起跑线上。没有人做学问的国家绝不会繁荣。

用读书不断刷新自己的人，在社会上也能获得好评

说到工作，无论哪个工种，从本质上而言，能否做好工作都取决于你是否善于思考。不善于思考的人，得到的评价一定很低。

在你身边有没有被人说这种话的人？——“这人真的什么都不会！”面对这样的人，我很想给他一个忠告：“你，还是捡起书来，从

头打好基础。你该做的最重要的事，是让你的脑子好好开动起来。”

为什么这么说？因为干不好工作的人、不会动脑筋的人，几乎都是由于书读得不多造成的。只要好好去读一读书，就一定能做好工作。如果读书不多又放任自流，无疑会给工作造成很大障碍。也许你会陷入这样的窘境——别人对你的评价是“我再也不想和那家伙一起干了”，或者所有部门都不接受你。

社会很残酷。当你在一个单位里干了几年之后，大家就会对你有一个明确的评价——你是一个能干的或者不能干的人。一个集体中谁都不想要不能干的人，上司只会交给你最简单的工作。不过，有的人连最简单的工作也干不好。

哪怕到了这种程度，自己还有些自知之明，觉得“自己只要有一份工资就行了”的话，倒也无话可说。最可悲的是，这种人几乎都不清楚自己的处境，一旦遇到公司突然裁员便会惊慌失措。这是多么可悲的事啊。

只要认真读点书，一定能避免这种悲剧的发生。

读书是刷新自己的最重要的手段，而且它能够提高人的自我意识。我对不去那么做的人深感遗憾。

读书，
让你学到伟大先哲的思考方式

德国哲学家亚瑟·叔本华在他的著作《论读书》中这样写道：

读书其实不是用自己的大脑，而是用别人的大脑来思考。坚持不懈地读书，不是借用别人，而是将别人的思想注入我们的大脑。但是，对于时常想要依靠自身来建立起思想“即使最终无法建立天衣无缝的完美的体系”的探索来说，没有比这更有害的了。

进而，他又写道：“多读书一事需慎之又慎。”

同样是德国哲学家的尼采也在他的《查拉特拉图斯如是说》中写道：“我憎恶那些读书的懒虫”。

但是，我想说的是：**“人类不正是通过模仿伟大人物的思考方式来深化自己思想的吗？”**

对于叔本华、尼采那样的天才，我也能理解他们所说的“不要读了点书就觉得自己有知识了”“依靠自己来深化思想才是王道”等诸如此类的话。有着他们那种大脑的人，大概会觉得读书只能让人干着急。

但是，我们暂且不去谈论那些天才，如果真有人觉得所有的一切都能用自己的大脑来思考的话，那么他一定自我膨胀到无以复加的地步了。现代文明的99.99%都是建立在既往历史基础上的，如果不知道这一点，人类今后的发展就会变得困难了。从这一角度而言，不知道先人曾经的思想却要给别人指明方向，可以说这是非科学的态度。

事实上，叔本华和尼采所说的话，并不是绝对不让人读书。他们想说的是："通过读书获得的知识，不是用来贩卖的，必须通过自己的脑子好好地加以思考。"

被誉为近代物理学奠基人的牛顿说过："我们在真理的大海面前，就像是在海滩上捡贝壳玩耍的孩子。"将这句话改成读书的话，就变成了"我们就像在读书的大海面前玩耍的孩子。"

我们面对如此宽阔的读书之海，想要自己来思考所有的一切，不是和想要用沙子建起城楼没什么两样吗?

通过读书，将可称为人类至宝的知识变成自己的知识，学习用伟人的思考方式来思考，我们只有站在那样的平台上，才能为今后的人类发展作出贡献。

所以，我们必须掌握读书的技能。

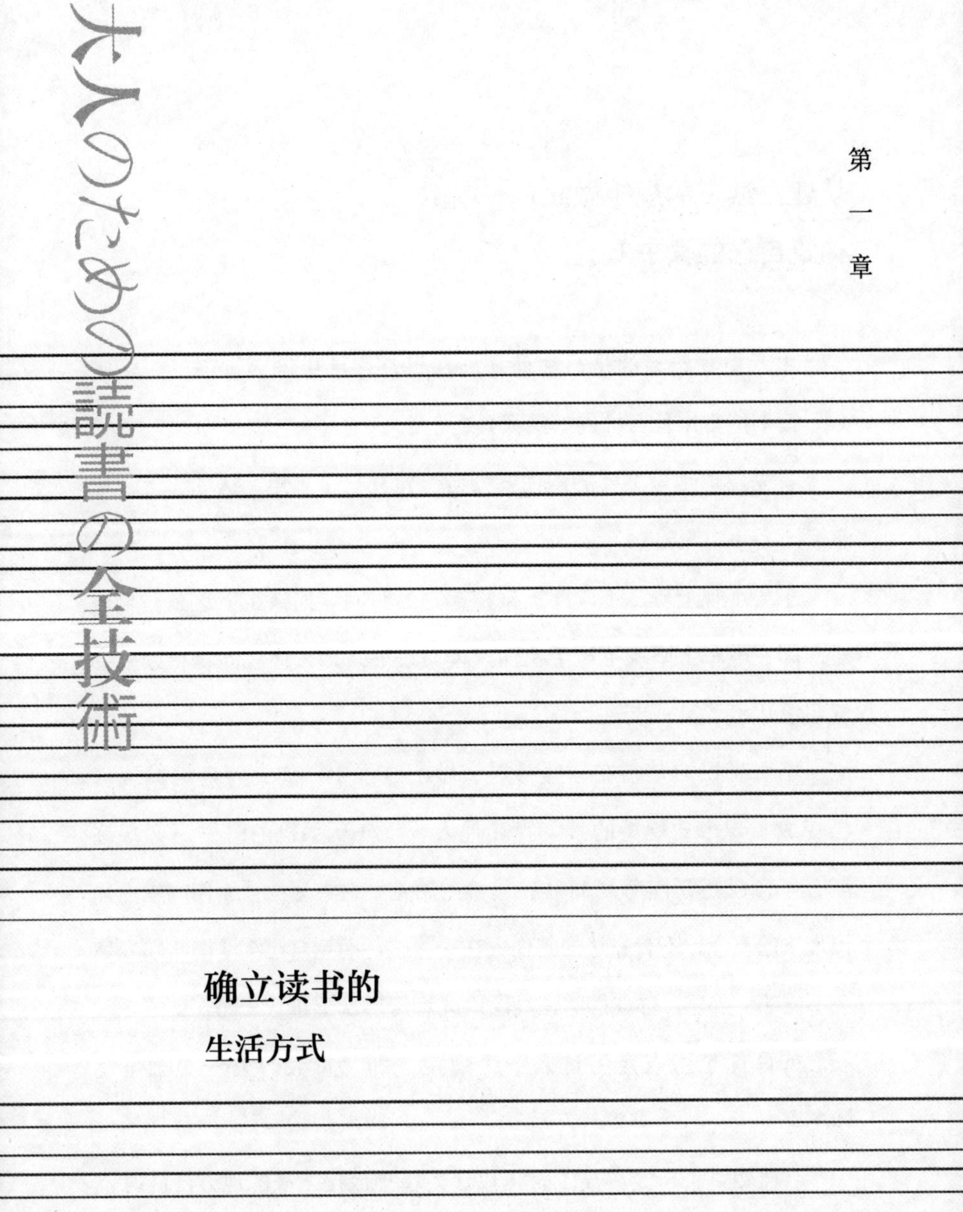

第一章

确立读书的生活方式

从建立读书的规矩做起，构筑自己的读书方式

本章中我要写的是，如何才能在日常生活中确立读书的生活方式？读书能带来什么样的好结果？

首先，也是最重要的，你要为自己建立一个规矩，例如“上了电车后不看手机只看书”。

不要小视上班、上学路上累积起来的时间。**如果定下这么一个规矩，即在电车上坚决不玩手机而只读口袋书，那么你就向着将读书变成习惯迈出了第一步。**

不可思议的是，在你坚持这么做的过程中，你会有趣地发现自己变成了一个守规矩的人。当其他人一直在玩手机的时候，你却逐渐有了自己正在向着高尚世界飞奔的感觉。这种感觉会让你产生由知识带来的喜悦。不管身边的其他人在干什么，而让自己沉浸在与别人完全不同的世界里，你就能够在高层次或者深层次上进行思考了。

或许**你也可以定下这么一个规矩，即“每天必去一次咖啡馆读书”。**

咖啡馆，在一定程度上是可以让人精神放松下来的地方，同时，它又有着公共空间的紧张感，因此是集中一个小时精力用来读书的极佳场所。现在各处都有卖200日元一杯咖啡的咖啡馆，每天一次，即

使30天，花费也就在6000日元左右。花钱确保了空间和时间，而将时间浪费在玩手机上却是不值当的。

你还可以定下这样一个规矩：“和人约定等候地点时必选书店。”当然，这种方法并不仅限于等人，你也可以定下“一天进一次书店”的规矩。

不管是何种情况，你务必尽量增加去书店的机会。寻找任何机会去书店。如此一来，你对书的接触就成了常态。

在书店里，你一定会觉得数量巨大的信息在向你袭来。就我自己而言，进了书店之后，我有时会感到眼花缭乱。大量的书籍整齐地排列在书架上，它们都有各自的作者，强调着各自的存在感。那里面既有教科书上都有的柏拉图和笛卡儿的著作，也有你第一次见到名字的作者写的书。

也许有些鱼龙混杂，它们中的大多数好像在向我们高声叫喊：“读一读我吧！”

土屋贤二先生的《土屋的贫格》（文春文库）（日语书名：《ツチヤの品格》——译注）中有一篇题为“为什么一进书店就想上厕所”的随笔，我引用其中的一节：

你知道写出一本书需要花费多少心血吗？也许在书店里随意浏览书的人并没有注意到，但只要静下心来的话，你一定能听到一本本书的高声悲鸣："读一读我吧！"寄居在书中的作者的灵魂在叫喊："买！买！买！"当书被人买走后，灵魂便释怀了，消失了，它不会对图书馆以及旧书店造成任何影响。但是，当书还是新书的时候，书中的灵魂有着十分强大的力量。对此，我们绝不能等闲视之。因此，一进书店便想上厕所，这也是书的灵魂在惩罚我们的罪恶。

不愧为土屋先生，说得简直太逗了，不过，我也挺能理解他的这个歪理。

在这个被剥夺了时间的时代，我们更需要用读书提升纵向思考能力

现在我们正身处一个不断被剥夺读书时间的时代。我们忙于应付工作，找不到读书的时间——说这种话的人不在少数。

随着互联网的普及，我们变得能在瞬间检索到地球上形形色色的信息，而且，还出现了许多很有趣的东西，它们都是夺走读书时间的巨大元凶。例如，只要在智能手机上装上一些软件，既可以玩游戏，也能看动画片，娱乐活动的范围一下子被拓宽了。

进而，互联网不光为我们提供信息，而且正在大幅度地改变我们

的交际手段。只要你使用SNS（Social Networking Services社会性网络服务），就能随时与相隔很远的众多朋友交流。

为此，我们能越来越多地见到手机片刻不离手的人。过去我们经常在电车中见到读书的人，现在每个人的眼睛都盯着手机屏。

不用说，手机确实是极其便利的工具，但我担心，**最终会不会让大量的人陷入过分的网络社交，而变得越来越没有思想。**

当然，社交是人们在社会生活中不可或缺的东西，我也不否定数字时代有其特定的社交手段。但是，如果人们总是处于网络社交的状态中，我害怕长此以往，现代人会疏于人之间面对面的交流以及对自身的挖掘。

和与自己同等水准的人交流可以说是横向社交。以互联网为媒介的社交活动，几乎都是横向社交。在这种社交模式中所进行的对话，通常十分平淡无奇，因而无法深化自己的思想。换言之，它仅仅停留在随意聊天的层面上，缺乏深度。

与此相对，读书是纵向深化思想的活动，可以说它与横向社交模式完全是异质的东西。

人要咀嚼通过读书获得的信息和思想，重新建构自己的思想，这一活动能够纵深地培养每个人的思想深度。然而，近几年来，电车中读报和读书的人骤减。我甚至担心，过不了很久，我们就将进入把那些人当怪物的时代。

我觉得，在这样的社会环境下，如果你还想多读书的话，那就必须积极地为自己创造一个以读书为目标的生活方式。

建设犹如丛林般的脑中图书馆，我们的精神将变得更加富有

每一本书都有其独自的存在感，各有各的趣味，从中我们能学到很多东西。

不过，我还想让大家知道，其实更有意思的是，**读过的书，它们之间的关系会给读书的人以巨大影响。**10本书、20本书、30本书、50本书、100本书……读书的过程中，那些书逐渐在读书人的脑子里建立起一个关系网。而这种关系，在不知不觉中形成了读书人自身的个性。

当然，可能有人认为那些书中只要有《圣经》和佛典就够了吧。不过，大多数人还是会说“我想让自己的视野变得更宽”“我不想用一本书来建立世界观，我要了解更多的世界观”。

因此，我们需要读更多的书，**需要建设一个脑中图书馆**。在脑子里积累500本、1000本书的信息，让它们形成一个网络，就是这种感觉。

于是，**我们需要做的是，阅读犹如丛林般浩瀚的书**。

丛林中共生着形形色色的植物，既有阔叶树也有针叶树，有大树也有小树，比树更小的还有蕨类植物，地面上还有青苔。从远方眺望丛林，我们看到的是一片丛林的整体形态，如果仔细观察的话，你会发现实际上它是拥有各种生命的集合体。

对于读书，我也认为，读像丛林般种类繁多的书十分重要。

例如，读思想类的书，如果只是读几本马克思主义的书的话，就无法拥有思想的多样性，这就好比建造了一个只有杉树的人造林那样的脑中图书馆。你不觉得很可惜吗？

我认为，我们应该认同事物的多样性，广泛地读书，以此来将我们头脑中的图书馆建设得如同大自然中的丛林那样丰富多彩。丰富多彩的丛林中，不仅生长着植物，还生活着种类繁多的昆虫和动物，它们的存在是对各种生存方式的讴歌，是在延续生命。

读书也一样。我们与各种书相遇，注入脑海的知识和修养建起一个网络，让我们的精神变得如同丛林那么富有。

从放一个书架开始，创造坚实的精神文化

最近，学生中没有书架的人好像多起来了，听说他们读完书后不是卖了就是扔掉。很可惜啊，这种做法无法让你从书中学到什么。

和书一起生活，意味着一直能受到书的激励。让自己总是在近处直接触摸到书脊十分重要。

就拿我来说，每年都在一点点地增加书架，现在，房屋墙边的所有空间都被书架占领了，日常生活变得十分不便。于是，我家人恳求我想想办法，而我实在无计可施。虽说心里觉得挺过意不去的，可我压根儿没有将那么多书连同书架一起扔掉的想法。

要将读书变成自己生活方式中的一部分，书架是必需品。我希望大家至少从放一个书架开始，重新思考自己的生活方式。

书架的作用极大。

为什么这么说？因为书架上放着书，它会一直召唤你——“我在这里哦”。

前面我已经说过了，应该在大脑中建设一个图书馆的话题。为此，**需要建立书架这一更为大型的书的丛林，以此让我们和脑中图书馆连接起来，从而建构起丰富多彩的生态系统**。

书架上，除了有弗洛伊德，还有荣格、弗兰克尔、佛陀和耶稣。

每当你的视线停留在那些书脊上时，从那些书中获得的知识便会鲜活地复苏……于是，你的内心就能获得平衡。

书架，打个比方，犹如长臂向四处伸展的玩偶。大脑中的和书架上的图书馆如果贫瘠的话，自己的情感有时会成为世界的中心，很容易对人生气，或者表现出绝望。

玩偶如果只有一只手臂的话就会倒下，他手臂越多则越不容易倒下。因此，书架对人而言，是重要的精神寄托。

举个例子，假设你的书架上有一本维克多·埃米尔·弗兰克尔医生写的书——《活出生命的意义》，它描写的是作者自己在集中营里的经历。当遇到一些让你心情郁闷的事时，看到了这本书的书脊，你一定会马上回忆起第一次读到这本书时自己心中所受到的强烈震撼。你想起了弗兰克尔在收容所里坚强活下来的经历，你便会产生“啊，不能轻视生命”的想法。结果，你会变得不再轻易否定自己，也不再厌世地想要一死了之。

拥有书架，你就能将那样的精神支柱化为自己的东西。

中村先生翻译的《佛典：经集》（岩波文库）（日语书名：《ブッタのことば　スッタニパータ》——译注）也是这样的一本书。

这本书里一遍又一遍地教导我们“人有欲望因而受苦”“必须放下执着”等。在“蛇品”中，佛陀说了下面这些话：

“追求别人不追求的独立无羁，让他像犀牛角一样独自游荡。

“周游四方，毫无怨愤，事事满意，克服险阻，无所畏惧，让他像犀牛角一样独自游荡。”①

也就是说，就像犀牛只有一只角那样，追求正确道路的人，不受他人的毁誉褒贬束缚，哪怕自己一个人，也要坚持信念，生活下去。

读到这些时，你一定会产生这样的想法：“啊，应该这样做啊！迷茫的时候，不用去管别人说三道四，一个人坚定地走下去就行了。”

再比方说，如果你的书架上有种田山头火的句集《草木塔》，你大概就会想起这句话：“蜘蛛，张网的自己肯定自己”。（日语原文：“蜘蛛は網張る私は私を肯定する”——译注）山头火一定是在看到蜘蛛网时想起了自己的人生便写出了这个句子。这句话可以从很多角度去解读，很有深意。

也许经历了千辛万苦的山头火，从眼前的蜘蛛网看到了人生正在不断走向被束缚的自己的影子。也许他目睹张网捕捉猎物的蜘蛛，想到了不牺牲他人自己就无法生存的生物界的法则，他的思绪在现实世界里驰骋，哪怕这有多么悲哀，但自己无法逃避。进而，山头火一定又想到了置身于生物连环体中的自己，他接受了这样的自己，因此“自己肯定自己”。

①中文译文参照郭良鋆女士根据巴利语佛典翻译的《经集——巴利语佛教经典》（中国社会科学出版社，1990年）。

当情绪异常低落时，脑海里浮现出这个句子的时候，也许你就会平静下来。

概而言之，**以精神文化为依靠，让人的心绪变得宁静，这也是读书的好处。**

最近，当被别人问道“你的心中是否拥有坚实的精神文化”时，能直截了当地回答“我的精神文化就是书”的人似乎在减少。

读100、200本书，它们的每一本都是精神文化，它们都能成为自己的精神支柱。正是读书，让你的精神变得如同丰富多彩的丛林。

因此，放上书架，每天能看到书脊，这样的生活十分重要。在此，**有一点很重要，即你用不着只摆上一些难读的、严肃的书。**应该摆上各种类型的书，甚至别人见了会吃惊——“他竟然还读这样的书”。

长此以往，书架会渐渐变得充实，我想，这才是完美的读书状态。

拥有能一起谈书的朋友，将读书生活坚持到底

当我们在讨论与书做伴的生活方式时，我想，**至少拥有一个能和**

你一起谈书的朋友十分关键。那个朋友，既可以是网上的，也可以是能见面讨论的人。营造快乐谈书的氛围，对于将读书生活持续下去这一点来说非常重要。

我在学生时代就有这样的“书友”。我们经常举办这样的读书会，即我们差不多三人读同一本书，然后聚到一起，一边喝酒一边讨论到天明。这里的重点是，即使没有读完书的人也可以参加。在读书会中听了已经读完的人谈那本书后，就好比自己也读完了那本书……只要有这样的弹性规则就够了。这也就意味着“**你不需要一个人读完书**”。

现在也可以通过互联网做这样的事。**例如，有人在网络上对某本书发表评论，其他人也跟帖发表自己的意见，这样也能产生交流。这正是现代社会读书会的一种形式。**

事情就这么简单。在这个时代里，你能找到可以讨论共同话题的人，而且可以在全国范围内找到，真是了不起的时代。而且，在网络的世界里，无论是DVD还是书，都有人评论。书评中，既有称赞的也有批评的。尽管如此，我们还是能够在读了几个人的书评后了解到该书的大致内容以及水平，并能据此来判断该不该买这本书。

我们在读别人的评论时还会喜不自禁地发出这样的惊叹：“竟然有这么多人认真读过这本书。”即使是极其专业的书，只要看到有读者认真阅读并发表书评，就会深受鼓舞。当然，也有人写的书评极其武断和充满偏见。我因为不想影响心情，从来不看对自己书的评论，对别人的书，我经常见到一些爆粗口的评论，有的更是恶意中伤，对此我深感遗憾。

不过，那样的评论毕竟是少数。大多数的书评，读了之后会让人产生巨大的勇气和快乐，你会想：原来日本有这么多人在认真读书啊。

还有，当你仔细读了那些评论后便会发现，不同类型的书都有一些很精通该类书的高手。

他们写的书评非常有趣，往往会让人产生冲动——“这个人推荐的，我一定要读一下。”就这样，以书评为线索，犹如挖土豆那样，一本接着一本地拓展了读书的范围。**读完一本后又想读第二本书、第三本书，数量不断增加……这也是读书方法的要领，**由此形成了前一本书带出后一本书的极佳状态。

从促进读书这一意义上来说，书评发挥的作用是极大的。互联网的出现，造就了大家一起讨论书的文化空间，新形式的读书会应运而生。并且，这应该也是导致了由读者参与的新的读书文化样式诞生的根源，它建立在迄今为止以作者为中心的读书文化的基础上。

我感觉到在读者地位上升的同时，时代正在朝着任何人都能成为作者的方向发展。

过去的时代，只有大学的著名学者和作家能够出书，作者之间相互为对方撰写书评。但是现在却出现了变化，即只要对某个事情有浓厚的兴趣，他就能出新书。从作者的水准而言，很专业的权威人士与普通人的界限也变得模糊起来。与此同时，读者中也出现了写书评的人，那人一写书评，书就畅销，这种现象也已经习以为常了。

从这一角度来看，**我认为“也许新的出版文化的时代正在到来”，内心不免充满期待。**

将崇敬之人的书放在手边，始终与人生导师共享精神世界

最近，我趣味十足地拜读了“BOOK OFF”公司的创始人坂本孝先生的书《我的意大利、我的法兰西——建立克敌制胜之优势的方法》（商业界）（日语书名：《俺のイタリアン、俺のフレンチ——ぶっちぎりで勝つ競争優位性のつくりかた》——译注）。

坂本先生于1991年创建了BOOK OFF公司，担任社长。2006年他出任会长，2007年退休。这本书以他的人生经历为基础，主要写了创建饭店“我的意大利”“我的法兰西”的经过。

BOOK OFF成功之后，坂本先生好像也想过去南方的岛屿，过上每天打打高尔夫球的清闲日子。就在这当口，京瓷公司的创始人稻盛和夫先生接受了日本政府的请求，开始重建日本航空公司。稻盛和夫先

生是坂本先生最崇敬的人。据说坂本先生知道此事后，觉得“自己要求退休去南方岛屿过清闲日子的想法真是太过分了”，于是，他开始创建名为“我的意大利”和“我的法兰西”的饭店。

对于坂本先生而言，稻盛和夫先生是相当于自己的人生导师那样的人，他从稻盛和夫先生的身上学到了人格，获得了力量，包括他的人生观都受到了影响。他看到自己尊敬的、私淑的人生导师开始了新的行动，痛感自己“这样下去不行，必须加油了”，这也是促使他开始新事业的动机。

据说坂本先生经常去参加稻盛先生的报告会。当然，他一定没少关注网上的信息。与此同时，他还收藏了稻盛先生的所有著作，一遇到什么问题时便取出来重新读一读。

在报告会上听到稻盛先生的声音，无疑能感受到巨大的震撼，但是，这种震撼会随着时间而消失。通过互联网也可以追随稻盛先生的足迹以及最近的言论，但是作为信息，它完全无法满足读书人的需求，最终，还是需要依靠纸质书的力量。

我认为，书中隐藏着读书的本质。

我在序章中说过，读书可以让你遇见告诉你应该走什么样的人生之路的导师。**集齐你私淑的那个人的书，就如同你总是和你最敬爱的人生导师生活在一起。**

你可以向坂本先生学习，将你认为“这个人的书我还想多读一些”的人的书收集起来，读上3至4本。这样做的话，你就能逐渐了解那人的思想，感觉到自己在与他共享精神世界。同时，你也会对那人正在挑战的领域产生兴趣，那个人所说的话，也会成为激励你追求进步的巨大动力。

实用书无法锻炼刻苦精神和思考能力，寻找从背后推动你前进的书

我一直认为，仅以获取信息为目的的读书总有一天会不再被人所需要。

互联网使用起来如此方便，信息量如此巨大，在网上总是能搜索到最新的信息，可以预见，随着时代的变化，通过互联网获取信息的手段将成为必然。

当然，比如喜欢体育运动的人，他们通过电视和互联网了解运动员的赛况，有时会激发起“我也来试一下”的冲动。但是，通过读书被激发起来的热情和通过互联网被激发起来的热情还是有着轻重、深浅的差别。它们的差别可能就在于一过性和持续性上。

从这个角度来看，或许可以说从各种实用型的书中获得信息与通过互联网获得信息没有多大差异。当下，大量的书中写的是实用性很

强的信息，它们告诉你“遇到什么情况该怎么办”。书店里陈列着那么多的实用型书籍，充分证明了有很多人需要它们，大家自然会竞相购买。

当然，读实用型的书也没什么不好，有时我们按照书上所写的去做，的确能把事情做好。如果没能做好的话，只要心里想着“哦，书中说得不对”，不再去看它就行了。不过，**重要的是我们不能忘记，无论你读了多少那样的实用型书，都无法锻炼你的思考能力。**

正如前面提到的那样，现代社会中几乎不存在不用动脑筋的工作，干什么都要发挥思考能力。比方说销售工作，现在已经不存在不需要动脑子的商业活动了。消费者通过互联网上最便宜的渠道来购物，不动脑子的商家根本没有立足之地。

在这样的环境中，能够完成工作的人，一定是在工作上狠下苦功的人，也就是会思考的人。愿意在工作上狠下苦功这件事本身缺少自发的动力是无法付诸行动的。

显然，无论你读了多少只能从中获得信息的书，都无法让你提升自己的思考能力。

从这一意义上而言，**问题的关键是你必须找到这样的书，即在读完它的瞬间，你能感觉到好像有一股强劲的电流穿过你整个身体，又或者犹如一股巨大的冲击力从背后推了你一把。**

只是需要注意的是，当下的时代信息泛滥，有人说A的话，必定会有人站出来反对说B。例如有关癌症治疗的问题，既有主张手术治疗的医生，也有主张不要进行手术治疗的医生；既有人倡导一天只吃一餐，也有人说一天两餐好，也有说三餐好的。大家各执一词，就连医学界那种观点分明的领域，也常常被各种莫衷一是的信息笼罩。

因此，**囫囵吞枣地接受偶尔入手的一本书中的信息，是十分危险的事。**

我们应当尽可能地读更多的书，从形形色色的信息中筛选出真正可靠的东西，并从中获益。其中，值得信赖的、能让大家来分享的书，毫无疑问可以举出自古以来就不断被一代代人阅读的古典名著。

阅读古典名著，
掌握跨越时空的普世真理

例如，佛陀教导我们不要去管别人做了什么、没做什么，只要明白自己干了什么。《论语》中也说："不在其位，不谋其政。""不患人之不己知，患不知人也。"还有，苏格拉底也在差不多相同的时期，受到了"知汝之身"这一德尔斐的神谕，开始怀疑自以为智慧的自己真的有智慧吗，于是有了认知心灵的觉醒。这些思想，出现在大

约2500年前几乎相同的时期，并且为一代代人所传承，跨越了地域、跨越了时代，成为我们生活伦理的基础以及思维、思想的主干。

然而，在当今的时代，熟悉先哲们的话语，并将先哲们的话语变成自己生活准则的人越来越少了，这实在令人遗憾。

我热切地希望大家能够重读这些支撑着人类文明的古典名著。只有这样，我们才能明白“时代会变化，而道理不会变”“生活的本质不会变”。我们由此会认识到自己正在被不断入侵的信息牵着鼻子走，从而在精神上变得沉着、淡定。

自古流传下来的武士的家训以及商家的家训也同样有益。读后你就会发现“这里面写的道理到今天也几乎没变”，即便时代与社会制度发生了变化，但书中仍留存着大量具有普世价值的道理。于是，你也会变得能客观地思考问题，你开始意识到“我总是纠结于眼前的成功和失败，而衡量成功与失败的标准自古以来从没有变”。

这样的真理跨越时代，通行于全世界，也是我们应该掌握的基本修养，其智慧满载于古代的经典之中。所以，阅读古典名著十分重要。

区分实用型阅读与趣味型阅读，向高性价比的读书目标迈进

也许有人认为我对所有书采取的都是快读的方法，其实不然，有时候我也会花些时间慢慢品味。

书本来就有各种各样的种类。比如小说与新书类图书[①]，看上去没什么两样，但我觉得你还是将它们理解为完全不同的两种东西为好。在日本，一年仅是新出版的书就超过8万册，那种场面，你可以想象一下有各种不同生物在里面游泳的水族馆。

为此，**我们需要按照书的不同种类来改变我们的阅读方式。另外，读书还能分成“实用型读书”和“趣味型读书”**。所以，我在读书的时候，会按照不同的目的来调整阅读方式。

实用型读书，指的是以能从书中获得可以实际应用的信息与知识为目的的读书。例如报纸是其中的一个代表。新闻报道以准确传达事实为本质，无论你怎么读，都不会产生误解。

换句话说，报纸是“单义性的文章”，不需要品味和解释，快速读报可以提高效率。那些实用型的书也是如此，我们只要了解自己该怎么做就行了，不需要花时间来咀嚼文章。

---

①“新书类图书”特指日本的一种小型丛书，以一般知识修养类的书籍为主，大小与中国32开本的书类似，日语中直接称为“新书”——译注。

另外，新书类图书中，也有不少属于“单义性的文章”，它们大多是围绕某个主题写成的。尽管每本书在难易度上有些差异，但大体上容易理解，主题明确，这是新书类图书的特点。它的写作方法与那些从不同角度来读便会产生不同理解的书不一样，所以很适合快读。

另一方面，趣味型读书，例如读文学类著作，是以品味为目的的读书。接触文学，意味着渗透到作者的世界观中去，在作者营造的世界里生活。

阅读文学作品说到底是一种享乐。由于它以玩味世界为目的，如果快读的话，就好比你用十分钟的时间去吃一套满汉全席，这该有多么浪费。

例如，在读到以19世纪的俄国为舞台的文学作品时，或者在读以平安时代的日本为舞台的文学作品时，你是否进入了那个世界，并感知了生活在那里面的主人公的情感？**进入那个作品里的世界，你是否获得了精神上的愉悦，这是衡量读书是否有价值的重要指标。**

尽管有时只是单篇，但也能从多角度来进行解读，这就是“多义性文章”，“多义性”也可称得上是文学的生命。人们围绕夏目漱石、普鲁斯特、陀思妥耶夫斯基等人的文学作品，写出了数不胜数的论文。例如，俄国思想家米哈伊尔·巴赫金所写的《陀思妥耶夫斯基诗学问题》一书，运用了复调音乐、狂欢节等概念对陀思妥耶夫斯基的作品进行了分析。读完这本书后，你又想再去读一遍已经读过的作品了。而事实上，在你重读了之后，又有了与前一次读书不同的玩味。

毫无疑问，读这一类作品不适合用快读的方法。我们应该对文学作品加以细读，用自己的理解去揣摩其意义，并让它变得丰满起来，从这一过程中获得愉悦。

另外，还存在着介于“实用型读书”与“趣味型读书”之间的读书。例如，读起来很轻松的推理小说。尽管这类作品不存在多义性，一本书中没有那么多可用来品味的东西，但是，故事的展开十分有趣。它们中既有很厚的书，也有用飞快的速度一晚上就能全部读完的书。无论厚薄，读完后你都会觉得“啊，很有意思”，你一定能感受到某种充实感。也就是说，这是一本也能快读的书。

我经常带着慢慢玩味的感觉花两周时间来读一本推理小说。也许你觉得用两周时间来读完一本书速度相当慢，那是因为我制定的方针是只在乘坐电车时读它。

另一方面，在一本体积不大的新书类图书中却存储着足够大的信息量，因此，用30分钟或一小时读完就是效率极高的读书。

生活在现代社会的我们每天都过得非常忙碌，用于读书的时间十分有限。如果每本书都用来细读的话，能读的书就会受到很大限制。因此，**为了能读更多的书，我们需要仔细甄别应该快读和应该细读的书，以此提高读书效率**。只是，在这个问题上，**你本身需要掌握两种模式，即在短时间内把握内容的“快读模式”和放慢速度的“细读**

模式”。

只具备“细读模式”的人，一旦需要加快速度时也加速不了；而仅具备“快速模式”的人，即便他想要慢慢品味小说里的世界，但还是会在很短时间内读完书，令他无法享受到读书的乐趣。这也就意味着，**能用快读和细读两种模式读书的人，才能拥有高性价比的读书生活。**

本书中，我将各用一整章来详细阐述快读和细读问题，我希望大家能够通过本书，掌握读书的两种模式。

阅读使前额叶全速运转，让我们沉浸在想象的世界里

有书陪伴的生活、拥有阅读的生活是多么重要，这是本章中所要谈论的中心内容，即如何通过读书，让自己的生活变得幸福。

我们作为会思考的动物生活在这个世界上，自然与其他动物的幸福感不同，我们拥有的是人才能感受到的幸福感。一个典型的例子就是读书时所拥有的幸福感，或者在读完书后和别人谈论时的幸福感。

让人心跳加快的书、使人潸然泪下的书、令人开怀大笑的书……我们在读书时迸发出各种情感，也只有人才能迸发出如此特别的

情感。

过去听朋友说，铃木光司先生的《午夜凶铃》（角川惊悚文库）（日语书名：《リング》——译注）十分恐怖，于是读了一下。确实很恐怖，让人心跳不止。尽管人从录像里跑出来的事情是不可能发生的，但在读书的时候，脑海里还是会浮现出那样的情景……

书，只是在白纸上印上了活字，留下了一些油墨而已，但奇妙的是，人们读书时却会时而恐惧、时而兴奋，我想这就是人了不起的地方。

例如，日本当下成人视频已经得以普及，而在这之前，有一个时期官能小说非常流行，大量的读者读着那些印在纸上的文字兴奋不已。事实上，**见到这些印出来的文字（读书）而情绪兴奋的过程，是人特有的行为。读书让人的前额叶全速运转，而前额叶正是掌控人的思维、感情、创造力等的大脑的一部分**。换句话说，因读官能小说而产生的兴奋感让大脑也得到了锻炼。

但是，时代进入了成人视频的极盛期之后，通过直接的画面，人们变得能十分轻易地获得兴奋感，最终，人丧失了锻炼大脑的一个重要手段。如果有大脑性爱能力一说的话，那么，与现在的成人视频发烧友相比，曾经的官能小说发烧友的大脑一定更为强劲。我记得在听“爱眼镜双人组合”[①]（TBS电台广播）的节目时，小木先生说：“我

① 日本著名的漫才组合，日语名为：おぎやはぎのメガネびいき——译注。

们在活字版性爱时代长大的人，绝对不输给现在视频时代的那些家伙。在性爱方面不输他们。”听了他的话，我禁不住爆笑起来。

不错，活字需要人的想象力，这一点极为重要。因此，**读书这件事本身就是在娱乐的同时锻炼人的想象力，是提升人的想象力的行为。**

读书驱动想象力，是读者与作者共同创造作品世界的终极娱乐

我还想再说一些有关想象力方面的话题。

我喜欢看动漫，但活字比动漫更需要人的想象力。我们看着动漫直接就能获得愉悦，但活字需要你阅读，然后重新建构，创造出形象，因此，读文字是个复杂的过程。

为什么动漫不怎么需要想象力？这是因为，动漫是在经过了制作者们的想象之后创作出来的。作为最重要的创造的第一步的想象过程已经结束了。因此，通过看动漫而能获得的世界观极为有限。例如，眼睛盯着动漫的画面而在脑子里想象其他画面是十分困难的事情。

然而，小说则不同，**读小说时脑海里浮现出什么样的画面因人而异**。有100个人，就会有100种甚至200种画面，它们展现出极其丰富

多彩的作品世界。这才是读书的乐趣。读书，是人类自身消遣想象力的活动，是终极的娱乐。

通过读书，我们徜徉在脑海中的想象世界里。这种只有人才有的乐趣，不在我们活着的时间内充分享受，岂不枉在人世走一遭？

事实上，能轻易让人获得乐趣的娱乐活动，因为不用动脑，所以它存在着一些价值上的缺陷。喜悦的情感，还是由自己来创造有趣味。与其被动接受，不如主动创造，这样才有意思，因此，创造大概才是最有乐趣的事情。音乐也一样，演奏比欣赏更让人享受。完全被动接受的，那只是单纯的娱乐，获得的乐趣也有限。付出一些艰辛之后才能体会到更大的乐趣。

从这一点来说，读书的乐趣正好介于演奏乐曲和欣赏乐曲之间。

读书驱动人的想象力，这意味着读者与作者在进行共同创作。这就好像站在作者所写的脚本的基础上来自任电影导演、动漫画家那样，读者本身也在创造作品。

有种理论称为“文本论”，它认为“作品不是作者创作的，而是读者创作的”。换言之，“通过读者的解读，作品才有了意义。作品的意义由读者挖掘”。“所以，我们才能在全然不知作者是谁的情况下赏析作品”。

读书就是一种如此充满创造力的行为。我们为能够加入到具有创造力的行为中去而欣喜，我们心里念叨着“只有我才知道这本书好在什么地方”并为此兴奋不已……这不正是读书带给我们的乐趣和喜悦吗？

将作者的人格与著作一起阅读，提升自己的感知力

前面我以“文本论”为基础谈了有创造力的读书的好处。反过来，**将作者的人格与书一起来读，也是一种不错的体验。**

例如，创作了《大象先生》《山羊的来信》等童谣的诗人玛多·道雄先生[①]（2014年2月卒，享年104岁）于2005年出版了著作《我语故我在》（集英社，be文库）（日语书名：《いわずにおれない》——译注）。

书中玛多先生对“生命”进行了如下阐述：

无疑，石头这种东西并没有生命，但从生物与无生物的关系来加以考虑的话，绝不能说石头是不同于生物的劣等之物。宇宙中飘浮的气体和颗粒物形成了小行星，它们之间的相互碰撞与合体形成了地

①日语名为“まど・みちお”，中文名以与日语读音对应的汉字译出——译注。

球。在遥远的40亿年前的过去，从无机微粒子熔化成的原始的海洋中诞生了生物……换言之，无生物犹如生物的母亲。

玛多先生不但通过蚂蚁、蚊子那样的微小生物看世界，他甚至透过无生物的石头观察宇宙。他用这种观察方式、思考方式创作出了众多优秀的诗作。

读着年逾百岁还精力旺盛地从事创作活动的玛多先生的书，我不由得心潮澎湃，创作灵感不断涌现。“了不起啊，年逾百岁，还能有如此的创造力，年逾百岁也能写出如此美妙的诗句、画出如此绚丽的图画。”读玛多先生的书，你首先能感受到这样的震撼。随之，脑海里便会涌现“创造性让感知力永不枯竭”的想法。你开始将目光聚焦在微小的事物上，并意识到善于观察是多么重要。

进而，玛多先生的人格魅力也会让你深受感染。

玛多先生是一个远近闻名的遇事决不发火、极其友善的人，据说他的家里人是这样评价的：“他就像菩萨。”听到这句话的时候，我想起了中村元老师的译著《佛典：经集》中佛陀所说的话，我不由自主地想“也许玛多先生就是现代的佛陀”。通过读书，我们了解了一件件趣事，之后再来重新一读玛多先生的诗集，便有了与之前不同的感受。

将作者的人格和书放在一起读，能提升自己的感知力，你会开始观察过去并不关注的微小事物。当然，读那些实用型的书就不需要那么深入了，例如健康保健类的书，你只要将它们当成信息来了解就足够了。

我们在社会上立足所需的修养，还是要有一定深度的。

邂逅书中良言，提升处理人际关系的能力

我还要再深入地谈一点有关玛多先生的事。

玛多先生在迎来一百诞辰之际出版了一本书，书名为《观察无论多么微小的事物都与宇宙有关　诗人玛多·道雄一百岁的话》（新潮社）（日语书名：《どんな小さなものでもみつめていると宇宙につながっている　詩人まど?みちお一〇〇歳の言葉》——译注），书中刊登了他回答高中生“什么是幸福”的一篇文章。

“能积极面对自己所生活的当下的人就是幸福的人。”

我读到这句话时深受感动，“积极面对当下就是幸福”！不仅如此，玛多先生在迎来了一百周岁之后，他仍然能有如此深邃的思考，我深感这缘于他的“读书”和“写作”。换句话说，就是他对语言的热爱。

玛多先生在《百岁日记》（NHK出版社生活人新书）中这样说道：

人为什么写诗？人为什么呼吸？人不呼吸会死。我当然还不到不写诗会死的程度。仅次于呼吸的还有一件非常重要的事，那就是语言。我一直想创造新的语言。

玛多先生热爱语言，他一生都在孜孜不倦地探索如何用语言来表达自己的感受。他把自己的想法记录下来，努力摸索是不是还能用其他语汇来表达，在这一过程中，他磨炼了自己的感知力与思考能力。我想，正是通过这样的努力，玛多先生写下的文字才一字一字地渗透到了读者的心里。

感觉、思维、言语沟通、人际关系，我们在日常生活中所面对的林林总总，它们的中心部分总是有着语言的存在。

佛陀告诫我们不要造口业，务必选择良言。因为口说良言的人，在旁人看来没有恶意。

语言的力量十分强大。我们只有将语言放在中心位置，才能整理自己的感受、思想、个性，从而提升处理人际关系的能力。书本中充满了这种具有强大力量的语言。要使得自己有更大的进步，就必须读书，通过读书接触良言，这一点最为重要。

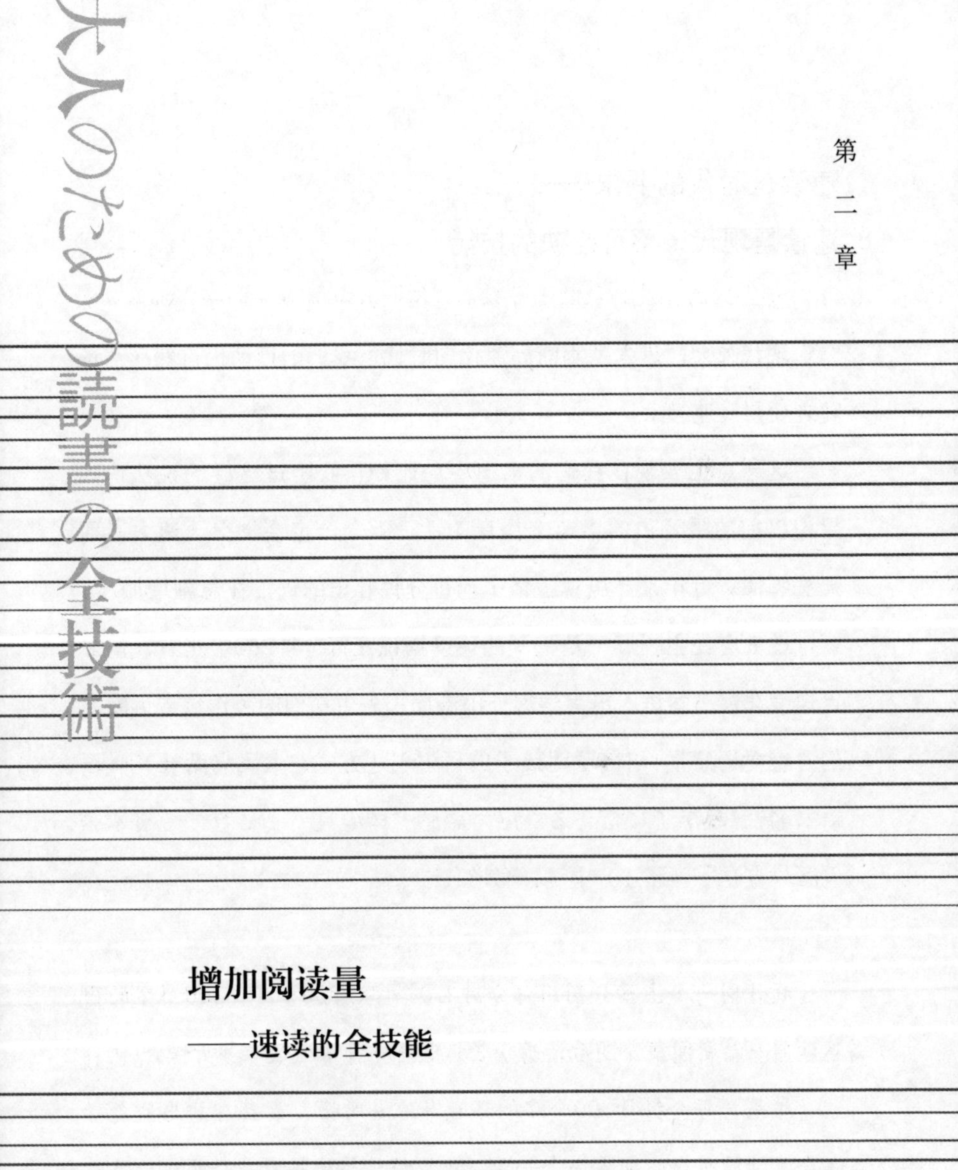

第二章

增加阅读量

——速读的全技能

速读是时代的要求——
速读是现代人不可或缺的技能

现代社会，进入了不断高速化的时代，我们的行动也自然而然地随之变得高速起来。

这一点也表现在我们的语速中。比如，我听过这样的说法，如果用以前的播音员的语速来播音的话，听众一定会觉得语速太慢而无法听懂。近年来，电视主播平均每分钟吐出的词汇在急剧增加。

过去电视主播读一篇稿子的速度据说在每分钟200字左右，但最近速度在突飞猛进。语言学家外山滋比古先生在他的著作《告诉晚辈的“绝对语感”:培养聪明孩子的日语表达方式》（飞鸟新社）（日语书名:《わが子に伝える「絶対語感」頭の良い子に育てる日本語の話し方》——译注）中这样写道:

我让同一个主播分别用每分钟250个字、280个字、300个字的语速读同一篇新闻稿，随后请听众告诉我哪一种语速最容易听懂。

结果，每分钟读300个字的语速最容易听懂。而且有意思的是，各个年龄段听众的回答完全一致，都说语速越快越容易听明白。也就是说，不光是年轻人，就连上了年纪的人都喜欢听快的语速。

30年前的人看现在的电视、听现在的广播一定会感到语速太快。然而，生活在现代社会的我们，已经逐渐练就了“速听术”。因此，我们在不知不觉中变得无法忍受那种慢速的说话方式。换言之，这是时代的要求。

到了今天，在阅读这件事上，各种要求速度的情况在不断增多。由于我们在工作上所需的信息量变得十分庞大，和说话一样，我们的阅读速度也不得不大幅度增长。但这并不意味着细嚼慢咽的精读就不重要了，相反，在速读的同时，精读的重要性也在增加。换句话说，速读和精读，两方面的重要性都在增加，因此，我们需要培养速读与精读这两方面的能力。并且，通过读书以及通过所追求的读书内容来灵活地使用这两种方法，这一点也开始变得重要起来。

关于这两种读书技能，我将在第三章中详细地说明精读的技能，本章我想先来介绍速读的技能。下面，我将写下有关速读所需的全部基本技能，请各位灵活使用。

通过增加阅读量积累知识，提升阅读速度和理解力

读过一本书的人和读过1000本书的人，他们读书的质与量当然不

同。阅读速度不同，理解力上也会出现巨大差异。在此，关键的一点是，阅读质量高的人，他们同时也善于处理阅读的数量；善于处理数量的人，阅读质量也高。读书越多，质量和数量都会提升。

而且，书读得越多，读一本书时付出的辛苦就越少。比方说，只读过10本书的人，读一本书时需要花很长时间。但是，如果你读了100本书，你就逐渐掌握了读书的要领，从读第101本书起，你就会变得十分轻松。

进而，当你读了1000本书之后，你就进入了读书达人的境界。你感觉不到些许的辛苦，你一定能在瞬间抓住书中的要点。

为什么说书读得越多越轻松、速度变得越快、而且理解得越准确？**道理就在于，书是通过知识来阅读的。因此，读书的过程，有着积累知识的实质性意义，数量上的积累，带来了质量上的变化……即从量变达到了质变。**

书读得越多，你的知识也就越丰富，对内容的理解也就越快，从而使得你的阅读畅通无阻。相反，读书少的人，由于知识贫乏，理解不了内容，也就无法加快速度。例如，读同一本新书类图书，对于该书涉及的背景知识，只了解一成的人和了解五成的人，在对内容的理解和阅读速度上都有很大的差异。

那么，应该怎么做才好呢？

请集中精力读几本你自己想读的领域里的书，这样你就能相对高

效率地积累起该领域的相关知识，在读完6至7本书之后，你便对该领域的知识有了八成的了解。最终，对哪怕第一次读到的书，你都只要去理解剩下的两成就行了，你变得能在很短的时间内读完一本书。读过1000本书的人，他们对各个领域的书几乎都读过6至7本，因此，读了上千本书之后，便能称为读书达人。

当然，一开始就将读书目标设定在1000本书是十分困难的事。那就将目标设定在100本书吧。读完100本书后，读第101本书时就变得相当轻松了，犹如轻轻一挥球棒，棒球就飞向外场的那种感觉，所读到的内容直入大脑。

顺便提一句，我认为读书能力与智商没什么关系。

在浅田彰先生的《结构与力量——跨越符号学》（劲草书房）（日语书名：《構造と力一一記号論を超えて》——译注）一书登上畅销书排行榜时，有人说“我的智商极高，但我读不懂这本书”。

书本来就不是用智商来读的，而是用知识来读的。《结构与力量》是介绍法国现代思潮（结构主义、后结构主义）的书，没有一定程度的相关知识很难读懂。也正因为如此，这本书成为了畅销书。

换言之，对于现代思想没有一些基础知识的人来说，无论智商有多高，读懂这本书都很困难。读书能力与智商的高低没有任何关系。总之，你得先读几本书，这是掌握读书技能的第一步。

抓住重点，
大幅度提升速读能力

毫无疑问，为了达到花少量时间读更多书的目的，你就必须提升读一本书的平均速度。为此，从大处着眼的话可以有两种读书方法。

第一种方法，迅速转动眼球。均等翻动书页，快速浏览全部文章。速读达人用这一方法快速地浏览每一页，花10至20分钟的时间读完一本书；**第二种方法，在整本书中抓住重点部分，进行集中阅读。**这一方法需要你具备找出书中重点部分的技能，而不需要速读的技能。**速读达人能将这两种技能完美结合起来加以运用。**

我自己经常遇到的情况是，必须在第二天来临前读完积攒起来的十几本书。

有时，十几本书作为资料突然送到我跟前，希望我第二天谈一谈书中的内容，而且这种事情时常发生。这对于普通人来说也许是不可能完成的阅读量，但是，每当我遇到这种情况时，便会以动物般的直觉，瞬间找到书中必读的部分，转动眼球，飞快翻完每一页。这简直可以说是打着探照灯找关键词。并且，此时如果仅仅浏览一遍的话完全没有意义，我采用的方法是边用笔做记号边读书的方法。

但这样的速读方式不是每个人一上来就能做到的。在还没有掌握速读方法之前，即便你拼命转动眼球紧追文字，书中的内容也无法进入大脑。也就是说，无法理解。这样的话，也就算不上读书了。相反，如果你想要很好地理解内容的话，眼球追踪文字的速度就会变得极其缓慢。因此，**我给大家的建议是，进行"设定"**。

具体来说，设定两件事：一、设定读书的目的；二、设定读完书的时间。

关于这一方法，我将在下一节中进行详细介绍。

设定读书目的，让读书切实有效

要掌握速读技能，必须有"设定"。这里，我先来介绍一下对读书目的的设定。

设定读书目的，也就是假设"要将现在所读的内容明天介绍给某某人听"。几乎所有不怎么读书的人，在读书时都不考虑目的，虽然他们很容易感受到完成读书的过程，但如果要问他们是不是完全理解了书中的内容，回答却是否定的。假如有人要求他们"请告诉我刚刚读过书的内容"，他们中的大多数便会结巴起来——"那个……"

要向别人介绍书中的内容，就必须在脑子里很好地理解读到的内容，同时整理书中的逻辑和理论。而不怎么读书的人，没有经过这方面的训练，如果在这种状态下还想达到速读的目的，只能是眼珠追着文字转，而完全没有进到脑子里去，更谈不上向别人介绍书的内容了。因此，我们需要给自己压力，就是“向别人介绍书中的内容”。

要向别人介绍，就必须很好地把握内容，并对内容进行整理。为此，读书需要集中精力，这就是提高速读的能力。对待工作和个人兴趣也是如此，精力越集中，越能尽快地应对更多的事情。

最初阶段，阅读速度一定会十分缓慢。即便如此，你必须坚持“我要向别人介绍这本书”的想法，从而让自己尽量读得更多一些。如果你坚持这么做了，你的阅读速度就一定能提高。如果你身边有可以帮你一把的人，那你就试着向他介绍书中的内容。这样做能激发起你的能动性，效果也会更好。

无论你怎么做，掌握速读技能的第一步，就是要有“向别人介绍书中内容”的意识。

设定最后期限，强行加快阅读速度

有效的“设定”并不仅仅停留在对目的的设定上。设定读完一本

书的最后期限，也是掌握速读技能的有效方法。无论读什么书都行。例如，你先设定“用3小时读完这本新书类图书”。

一开始，你会觉得光是追着这些文字看就已经竭尽全力了，或许你什么都没有读进去。但在不断重复这一行为的过程中，大量的词汇就会逐渐变成有机的组合映入你的眼帘，随后构成文章篇幅进入你的大脑。

当你感到能像读文章那样来读了——虽然还有些模糊，那么你就能从三小时缩短到两小时、两小时缩短到一小时了，也就是说，你的眼睛和大脑逐渐习惯了速读。

读书这一行为，即对文字的认知要经历这样的过程：“眼睛看文字→大脑的枕叶将文字认知为图像→颞叶和顶叶处理形状、色彩和位置→信息被送至韦尼克区→认知为语汇。”打个比方，就是用“眼睛”这一扫描仪读取信息，通过“大脑”这一CPU（中央处理器）来进行处理。换言之，**眼睛一次读取的文字数量越多，处理的速度也就越快。**因此你要做的，**不是一字一字地追踪文字，而是培养一次性地读取大量文字和语句的能力，提升跳跃性地读取文字的速度。**

用慢速的方法读新书类图书的人的速度究竟是多少？我想大概是用一分钟到一分半钟读一页纸的速度。我高中时代读新书类图书的速度大致是每页一分半钟。现在出的新书类图书与当时相比，字数减少了，字体变大了。所以说，一分钟左右应该可以读完一页。这就意味着，花200分钟的时间读完200页书，差不多3个小时就能读完一本书。

因此，我们只要有意识地做好“用一个小时读完一本书”的设定就行了。接下来不断加以训练，加快大脑的反应，速度便会自然而然地得到提升。这一技能可以通过训练切实地提高，我十分希望大家能照此实践。

同时设定目的和期限，飞速提高速读技能

前面我分“目的”和“期限”两个小节谈了速读技能训练中“设定”的重要性。

读到这里，我想那些接受能力很强的人应该已经注意到了，**提高读书效率的速读的训练方法究竟是什么，那就是同时设定读书目的和阅读期限。**

以前，我在大学里上课时用了这一方法。我将一年级分成4人一组，布置5本新书类图书，作为作业让大家阅读。完成阅读的期限是一周。我要求学生用一分钟时间对一本书的内容进行概括，并讲给其他3位同学听，这一作业每周都坚持进行。

要在大家面前发表新书类图书的内容概要，当然就需要全面理解书中的内容。毫无疑问，如果一周的时间都用来读书的话，用普通的速度也能读完5本书。但是，大学生还有其他课程要学，兼职打工也要花时间。倒过来计算一下的话，无法在每一本书上都花时间细读。例如，一周的5天时间，有人每天只能抽出一个小时来读书。因此，为了在一周的期限内读完书，他们便需要有意识地练就一天花一小时读书的技能。

在反复进行这样的训练后，每个学生都做到了一周读完5本书。显然这是在设定了“每周读完5本书，必须发表内容概要”的前提下，学生掌握了速读的技能后收到的成效。

进行这种训练也有一些窍门。比如，**一开始先读目录也是一种方法。这种方法能让你大致了解书中的内容，明确书中的重点。一开始就抓住必须仔细阅读的重点部分，就能切实地提升读书速度。**如此一来，你便能分清楚哪些地方需要花点时间认真阅读，哪些地方只要一眼带过，读一本书的时间便会大幅度缩短。

再则，因为必须在别人面前发表内容概要，仅仅读一下是不够的，还必须具备“概括能力”。为了发表，你需要在边看文字边理解的同时对内容进行概括。这一概括能力，不仅是在人前发表必须具备的能力，而且也会对你的阅读速度产生重大影响。也就是说，**只有对阅读过的部分进行概括、在大脑中进行整理，才能预测接下来的内容**

构成，才能进一步加快阅读速度。

因此，你必须以向别人介绍书中内容为前提来设定阅读该书的期限，以便尽可能地多读一些。这样的训练如果能坚持3个月，读书速度无疑就会提升，而且你一定能感觉到所读的内容都很清晰地留在了你的大脑中。

购书后一头扎进咖啡馆，翻开书熟悉内容

既然选择了设定阅读期限，那么我建议你买了书之后立刻一头扎进咖啡馆。在咖啡馆里读刚入手的书，熟悉书中的大致内容，这就好比为了要将刚刚抓到的新鲜鱼儿放在太阳下晒成美味的鱼干，必须把它的肚子剖开来一样。

这是一件非常重要的工作，是用于提升速读技能的有效方法。

读书情绪最为高涨的时候，当然是刚买下一本书的当天。在情绪最高涨的时候，为认真读这本书做好前期准备。具体来说，这种做法就是，**在咖啡馆坐下后，用20分钟时间迅速翻完一本书，了解内容，差不多达到能向人介绍书中内容的程度。**

**做到这一点后，再把书取出来读时，由于已经到了鱼（书）被晒

干的地步，可以随时拿来享用（读书）。如果不这么做的话，特意买来的书就变成了书架上的摆设。

也有人会说："那样也不错，自己有藏书也是十分重要的。"不错，自己拥有藏书是非常重要的。但是，特意买来的书，不是应该让它们处在可以随时取而读之的状态下吗？也就是说，当我们从书架上取下书时，对它的内容已经有了一定的把握，让它处于这种状态是非常重要的。

书和人的关系有点像恋爱。在书店买下书的时候，犹如对书一见钟情。遗憾的是，一见钟情时的激情，随着时日会逐渐衰退。如果书在书架上待上一年，看上去它的模样没有任何改变，而实际上那本书对你来说已经完全失去了吸引力。它也绝不会某天在你眼里重新变得光彩夺目，即使你想要找回当初的激情，也不能轻易地如你所愿。你从书店里成千上万本的书里挑出这一本书，竟就这样把它闲置在一边，岂不是十分可惜？**所以，当你买下一本书之后，你务必当天翻开它。也就是说，你应该顺势一口气了解书中的内容。**

做这件事情最适当的场所就是咖啡馆。咖啡馆原本就不是让人长待的地方，至多一个小时吧。**正因为有场地和时间的限制，你就不能在那里磨磨蹭蹭**。并且，咖啡馆里有人在商谈，也有人带着电脑在工作，是个很有激情的地方。在这样的环境中做事，既有一些紧张感，又不至于感到疲劳。

过去，在咖啡馆里看书也许会招来一些异样的目光，而现在在咖啡馆、小酒馆里看书，已经是习以为常的事了。有了一小时的时间限制，你便能集中精力，也就很快能翻完3本新书类图书。

翻开书，
用5分钟时间概括内容

养成了速读习惯后，正如前面提到的那样，只要花二三十分钟时间便能浏览完一本书的内容。按这样的速度计算，**哪怕有5本书，“20分钟×5本书=1.67小时，基本领会了书中内容”，“花30分钟×5本书=2.5小时，则更加宽裕”，读完它们，时间上可谓绰绰有余。**做到了这一点，读书也就变得十分轻松。无论什么书，你都想读一下，也不再害怕书架上堆积起一大堆书。

进而，还有一些用于提升速读和精读能力的训练方法，我在大学的授课中进行过尝试，效果十分明显。

首先，我将大一学生分为两人一组，让每组各读一本新书类图书。读完后各组进行交换，给出5分钟阅读时间，然后一方向另一方讲述书中的主要内容。阅读时间限制在5分钟，条件极为苛刻。一开始学生有点措手不及，但习惯了之后，他们便能很好地利用5分钟时

间来进行阅读，并完成对书中内容的梗概性介绍。

他们究竟用了什么样的技巧来做到的呢？当然，这点时间里他们不可能通读完一本200页的书。**他们的做法是：首先确认书名，接着看一下封面上的文字，之后，迅速地浏览目录以及各小标题，如此一来，便在总体上抓住了书中的主要内容。**以上的过程用不了两三分钟的时间。随后，他们再次将目光停在自己认为是书中要点的目标上，迅速翻动书页，补充一些次要信息，用来加强对书中内容的整体理解。

如此这般，只要花5分钟时间就能概括一本新书类图书的大致内容了。

用从书尾读起的“逆算读书法”，迅速抓住要点

很多人会觉得书应该是从头至尾按顺序来阅读的吧。不错，如果是小说的话从头读起是王道，但是，诸如新书类图书等以议论文为主的书，改变阅读顺序也是一种方法。

首先，浏览目录，快速找到书中属于结论部分的章节。如果你觉得结论的部分在第三章，那就先确认一下第三章中的小标题，从第三章开

始读起。如果你觉得最后一章是结论部分，那就从最后一章开始读。也就是说，在明确阅读目的的前提下使用“逆算读书法”。

速读，毫无疑问不是以一字一句阅读为目的的方法，它的主要目的在于了解书中的内容。因此，首先你要明确阅读目标——只要能了解书中的大致内容就够了。为了达到这一目的，**你完全不必力量均衡地从头至尾阅读每一个章节，你只要阅读最重要的部分就足够了。**

那么，一本书中最重要的部分在哪里呢？

首先，我以一个写过好几本新书类图书的作者的经验告诉你，作者绝不会把第一章作为最重要的部分来写。一般最通常的做法是，第一章从“迄今为止大家可能是这么想的吧”开始写起，写到第二章“因此，过去的理论是这样的”。**最重要的部分从第三章、第四章开始，自己觉得最想说的结论部分放在最后一章来加以概括。所以，你不必从头读起。你只要从概括了所有要点的最后的结论部分开始读就足够了。我将这种从书尾开始读起的方法称为“逆算读书法”**，希望那些想要掌握速读法的人掌握这一技能。

我第一次懂得读书不需要从头读起这件事是在学生时代，我和同学一起边做笔记边读马克斯·韦伯的《新教伦理与资本主义精神》一书。

这本书很厚实，我们读得非常细致，所以进度缓慢。当终于读到最后一部分时，发现作者马克斯·韦伯用了好几页对整本书做了十分精准的概括。我吃惊地想，为什么他有着如此高度的概括能力，却不直入主题，绕了那么多的弯才写到结论呢？

尽管这么想，当时的我们还十分单纯，善意地认为，这一定是韦伯先生专为我们这些历尽千辛读完本书的人准备的欣喜（能读到结论部分的奖励）。可是，过不多久我冷静下来后进行反思，就改变了看法。不，他如果一开始就单刀直入切进主题该有多好，我想。

我觉得，如果一开始我们就读到结论，然后再从头开始读起，一定会效率更高，并能准确地把握书中的整体内容。

当然，这种读书技巧并不适用于所有类型的书。例如文学作品，如果用“逆算读书法”来读的话必定是最糟糕的。对于纯文学作品来说，如果不能循着作者的思路来读，一定不会被打动。而推理小说，假如一开始就揭开谜底，便丧失了推理揭秘的趣味。**对于议论文，我则认为应该大胆使用“逆算读书法”**。

使用“二成读书法”
进一步提高速读能力，牢记抓住的要点

下面，我要介绍的是“二成读书法”，它与“逆算读书法”一样，也是我自己亲身实践的经验。

“二成读书法”，顾名思义就是“仅仅阅读整本书的二成就能抓住重点”的技能。比方说，一本200页的书，只要阅读其中二成即40页，便能抓住整本书的要点。如果书中有5章的话，差不多只需要读一章就行了。无论是谁，只要花上半小时都能完成这点读书量吧。

当然，我在这里所说的并不是阅读连续的40页，而是跳跃式地、两三页一组地阅读你认为重要的部分。即便用这种读法，你也能抓住整本书的要点。这就如同人脸的拼图游戏，只要拼出了1/5，便能基本上明白图中人是谁了。读了二成的书，你应该就能了解整本书所要说的内容。

一定会有人反驳说“还没有读完剩下的八成，怎么可能知道作者写这本书的真正意图”？可是，哪怕只读二成，也总比由于没有时间而将特意买来的书束之高阁强吧。

另外，既然已经读了，不记住也就没有任何意义。比如，对于5年前已经读过的书，即便有一些印象，一般也不会有人能说得出第一章写的什么、第二章写的什么，这些无法全都清晰地记在脑子里，这是因为人脑的记忆是很暧昧的。于是，为了切实地记住某些东西，我们不得不限定记忆的对象，而记住40页左右的重点则是可以做到的。

如果你用“二成读书法”记住了读过的书中的大致内容，哪怕在发言中需要引用时也足以派上用场。

只是，在运用“二成读书法”时，阅读书中的哪个部分是非常关键的。既不是说你只要读完开头的1/5就行了，也不是漫无目标地随意阅读，那样也没有意义。因此，你需要具备强大的甄别能力，即你能够嗅出书中的哪个部分是最重要的。

此时，你能够依靠的就是“目录”。我在前面已经谈过，通过浏览目录来抓住整本书的重点十分重要。你必须通过目录来准确判断自己所需的知识出现在哪一个章节里。例如那些健康保健方面的书比较容易判断，但也有些书的结构不太好懂，搞不清什么章节写的是什么。为此，你需要尽可能地多读书，以提高自己的甄别能力。

也许你会想“这不又是要我多读书吗？”不错，只有通过阅读的积累，才能提高你的甄别能力，从而达到只读二成而能把握八成内容的目的，这就是所谓的“熟能生巧”。

另外，需要补充的一点是，你也可以在上述基础上，**用“二成读书法”来精读那个“二成”的部分**。“二成读书法”归根结底是速读的技能，反过来说，这个部分也是必须仔细阅读的部分，所以你可以用精读的方法来完成。

从头至尾都采用速读法的话，脑子里只能留下模糊的概念。如果你觉得“这里的10页非常重要，绝对需要掌握”的话，那就仔细阅读这个部分吧。

无须赘言，这一“二成读书法”，需要根据你在读某本书时的需求来判断是否适用。而对于阅读文学作品来说，无疑是最不适合的。从这一意义而言，它可以说是用于工作目的的速读法。

将书店作为等人地点，使之成为速读技能的修炼场

事实上，用以训练速读法的最好场所就是书店。

除非你已经决定了自己想要买的书，当我们走进书店买书时，往往会翻大约10本书，再从中选出一本。此时，对于你没买下的那9本书，你也应该了解了它们的大致内容。

要站在书店里即时把握10本书的内容是非常困难的。不过，此时你是在全力甄别拿在手里的这本书是不是值得买下，所以你的眼光会变得相当敏锐。因此，没有被你买下的另外9本书的内容也留在你脑海里了。至少你发现了“原来还有这样的书”，这正是书店的功效。

为了更好地利用书店这一功效，你可以将等人地点安排在书店，提早抵达那里。你可以将挤出来的这点时间用在练习自己的速读技能上。

为此，你有了可谈的各种话资——“这种书很流行哦！”“我在书店里发现了这样的书。”并且你对书的感情也会变得更深。

我在某街道谈到有关读书推进活动的话题时说：“大家见面时的寒暄语还是少谈一点天气吧，谁都知道今天是冷还是热。见了面请不要谈天气，可以谈‘最近我看了哪本哪本书，那本书很不错’。”大家听后都笑了起来。可是，这的确是我在学生时代实际用过的寒暄语。

每当和同学告别时我会说“请读这本书、请读那本书……”然后转身离开。说起来，在当时的东京大学驹场校园里，还残留着缺乏知识修养是一种羞耻的氛围，于是就有了我上面提到的寒暄法。

我说这话的时候的确有一半是当真的，我想的是能否将这种文化发扬光大。

我还想提醒一句，即便你走进了书店，但光是站在那里翻看而什么书都不买的话，几次下来你就不会再认真翻看了。所以，当你两腿迈进书店后，我希望你无论如何买一本书带走。

女生只要得到家里允许可以买一个包或一双皮鞋的话，一定会以不达目的誓不休的劲头来挑选。此时她们的眼力和脑筋会全力发动起来——“这不行、那不行，好了，就这个了！”选书的时候，也请你拿出这样的劲头吧！

使用"探照灯方式"，边找关键词边阅读

浏览目录的速读法确实是很重要的技能，而边找关键词边阅读的方法也是速读中的一种。**我将这种方法称为"探照灯方式"。阅读前，自己在脑子里定下五六个关键词。**

当你捧起书时，请先看一下封面上写着的内容提要，寻找关键词。这个阶段是要一下子抓住书中要点。

接下来，**边阅读边用圆珠笔为你发现的一个个关键词做上记号。**此时，你不需要纠结于这里要不要做记号、那里要不要做记号，只要觉得眼球被吸引住了，就毫不犹豫地做上记号。这样做，无疑能以飞快的速度为整本书做上记号。

并且，**你可以在怎样做记号上下点功夫，比如将你认为重要的那一页折好上角，认为有点重要的那一页折好下角，**当你以后需要仔细重读这些部分的时候，就不愁找不到了。这就是我前面提到的打开书，让它成为晒干的鱼干。做好了这些，之后的确认就有迹可循了。

当你熟悉了这种方法后，搜索关键词便变得十分轻而易举，这也就是熟能生巧。当你一页页翻着书时，你会觉得那些关键词一个个主动地跳入你的眼帘，你搜索关键词的速度在不断加快。从此，你对整本书的内容把握也就变得越来越简单。并且，这种做法还有一个好

处，就是你通过搜索关键词在书上做好了标记，当你需要用它们的时候，就能很轻易地找到。

有人很讨厌弄脏书的行为，但这种做法的目的是为了掌握书中内容，所以完全没必要介意。**请在你的书上做好记号、确认好位置、折上一角，将书中的内容完全装进脑袋里吧。**

运用“同时平行阅读法”，实现大量阅读的目标

到这里为止，本章在不断强调尽可能多地增加阅读量。为了实现这种大量阅读的目标，我想请大家运用“同时平行阅读法”。

“同时平行阅读法”是什么？就是同时读几本书，比如同时读10本书。现在，我基本上同时且平行地阅读大约30本书。你可以从10本书开始读起。

你可以尝试将10本书放在沙发上，或者放在书桌上，同时阅读它们。你不用介意阅读速度的不同。这就像10辆车同时启动，但它们跑的速度总会有快有慢。当然，也不需要同时读完所有的书。也有人说，我不读完一本书，无法读另一本书。这就好比要在一条线路上跑10辆火车。前面的火车一停下来，后面的火车就无法跑了。按照这样

的思路，不可能实现大量阅读的目标。

大概没有一个书读得多的人从头至尾读完自己藏书的每一页。反过来说，读了很多书的人，他们没有全部读完的书也有很多。事实上，声称“从头至尾仔仔细细读过的书，只占了自己读过的书的5％左右”的人大多是知识分子（当然，这个5％也不下数千册书）。

这说明了什么？**这说明他们采用了平行阅读的方式，很多书并没有全部读完。为了阅读大量的书，要一本一本地把它们全部读完，其实是没有抓住重点。**我本人的做法是，打乱新书类图书的阅读顺序，从自己需要的部分开始，在所需的范围内进行速读。我认为与其将一本书从头至尾读完，不如用速读的方式来得有意义，即找到重点部分，然后用精读的方式开始细读。即便手头还有读到一半的书，但你不需要考虑“读完这本书后再读那本书”，尽管放心大胆地不断加入新书。同时阅读为数众多的书，这是成为读书家的有效途径。

也有人会感到疑惑，同时读那么多的书，究竟应该从哪里开始读起呢？对这一问题的回答很简单，就是按照当时的心情，从你拿起的那本书的未读部分开始就行了。

不同状态下读不同的书，让你的阅读量剧增

按照不同的TPO（时间、地点、场合）来选择阅读的书籍，这也是提升读书能力的方法。做到这一点其实并不难，说白了，只要按照当时的心情来选择就行了。

不同状态下的人，心情是千差万别的，所读的书也可相应变化，例如“上洗手间读这本书”“看电视时读那本书”“在电车上读另外一本书”等。

我也根据不同的TPO将很多的书分开阅读。当然，在练武、站讲台时是无法读书的。除此之外的时间我几乎都用来读书了。无论是坐在电车上，还是在看电视，或者泡在浴缸里……我总是沉浸在读书的状态中。

当然，我的生活空间里随处可见读到一半的书，**客厅、洗手间、书房、卧室、随手拎的手提包里……正因为这样，我养成了见缝插针的读书习惯，一个月里能阅读的册数在不断增加，速读能力也一直在提升。**我甚至在看电视时也读书。看电视是一种非常被动的行为，因此，我觉得专注于看电视十分浪费时间。对于我来说，正确的做法应该是边读书边偶尔瞥两眼电视。

我在对职场人士举办的讲座时经常被问：“斋藤老师，您工作

这么忙，什么时间看书呢？”很多人认为职场人士工作相当繁忙，没时间读书是理所当然的。但是，对我来说，怎么会没时间读书呢？这才是不可思议的事情。每当听到这样的提问时我总是回答：**“请不要去找你可以用来读书的时间，去追究一下不能读书的时间都去哪儿了？”**

不能用来读书的时间其实并不多。当然，上班时不能读书，但上班以外，一定会有很多时间可以读书。

用视野拓宽训练法，提升读取意识的能力

速读指导老师吴真由美女士以前出过一本书——《不会速读的你，松开你脑子里的刹车！》（生产性出版社）（日语书名：《だからい速読できへんね！脳のブレーキを解き放て》——译注）。书中说到，如果你完全掌握了速读的技能，就能在棒球的击球练习场上打出漂亮的快球。我有些喜欢读那种写着令人难以置信的事情的书，于是马上买来一读。之后，偶然在看电视时看到了吴女士，她说在击球练习场上，她确实击出了时速150公里的球，这让我深感意外。

吴女士不仅是个女性，而且据她自己说从来没玩过棒球，她却能

挥起球棒击到球。打过棒球的人一定知道，没有碰过棒球的人，要在练习场上击出时速120公里以上的球是相当困难的。

她解释说，她挥球棒的速度比普通的成年男性慢，却能打到球，这是因为她的视野比别人宽。也就是说她眼力好，脑子转得快，所以她眼里看到的球就像电影中的慢镜头，或者说，她能预判棒球飞动的轨迹。

很遗憾，我没有自信打出时速150公里的球。但是，**我完全赞同她所说的用速读来拓宽人的视野是十分重要的这一观点。事实上，我很有自信地认为，在读书这件事上自己有着宽阔的视野。**

拓宽视野的练习，一般可以举出以下几种方法。

左右臂笔直前伸，徐徐横向展开，此时，双臂间可见的视野范围变宽大。最初，双臂很快就在你的视野中消失了，但在不断重复这一动作的过程中，你就能逐渐感到能看到双臂的范围在扩大。**随着视野的扩大，由眼睛传递到脑子的信息量在不断增加。脑子里的信息量一旦增加，用于处理信息的大脑运动自然也会加速。**

那么，应该怎么做才能通过速读有效地拓宽视野呢？

实际上，哪怕你只是重复速读这一行为，也能拓宽自己的视野。为了进一步强化效果，在加快阅读速度的同时，请你树立起拓宽视野的意识。如果你做到了这一点，速读效果和拓宽视野的效果无疑将会倍增。

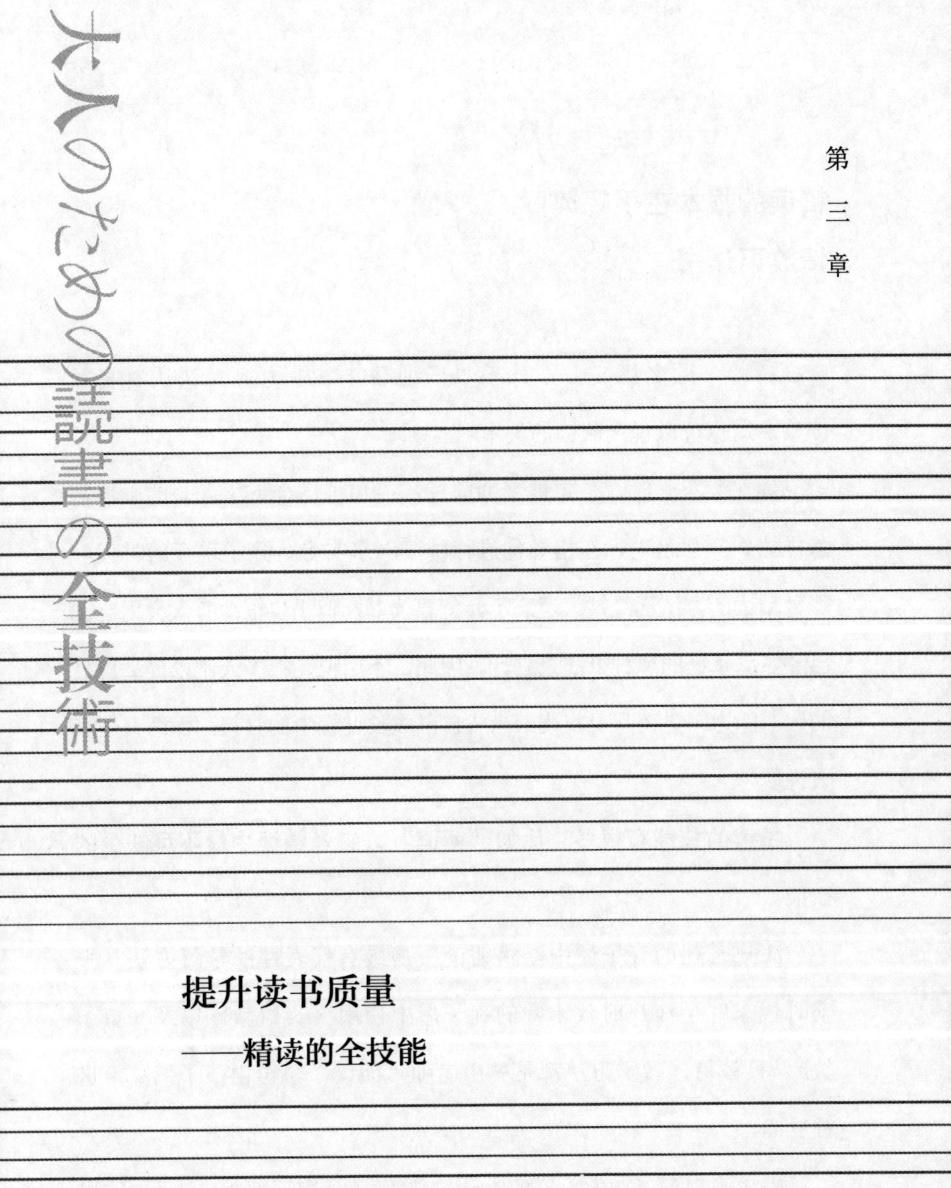

第三章

提升读书质量

——精读的全技能

精读的根本在于朗读！
请放声读书

精读，顾名思义，不外乎“仔细品味书中内容，认认真真阅读”，这也可以说是阅读的根本吧。

你在读小学时，一定被老师问过：“那种场合下主人公的心情是怎样的？”那是老师在指导你进行精读。事实上，到了现今的时代，那种精读的方法已经被人遗忘了。就算读书，似乎也很少有人会用自己已经熟练掌握的那种方法来进行。因此，不用说，很多人难以提高自己的读书能力，更谈不上将读书当成自己成长过程中的食粮，那简直是痴人说梦。

精读的技能有很多，比如“朗读”，它是精读中最不可缺少的技能。

江户时代的寺子屋中，“朗读”是最有代表性的学习方法。平安时代末叶至江户时代末叶的寺子屋中使用《实语教》以及《童子教》[①]等教材，教学方法都是先由老师“朗读”，再由孩子们高声进行复读。

福泽谕吉在《劝学篇》的一开始便提到了《实语教》，下面的引

---

① 《实语教》和《童子教》是日本历史上模仿中国的《千字文》《三字经》等写成的儿童启蒙教材——译注。

用出自《现代语译劝学篇》（筑摩新书）。

天不生人上之人，也不生人下之人。

即天所生之人拥有相同的权利，生来没有身份上的贵贱之分，人类作为万物之灵，凭依身心活动，利用世间万物满足衣食住行之需求，自由自在，且不相互妨碍，安乐度日。

然而，环顾人世，便会看到既有贤人也有愚人，有穷人也有富人，有社会地位高尚之人，也有社会地位低贱之人。为什么会有如此天壤之别的差异呢?

理由十分显然。《实语教》这本书中写道："人不学便无知，无知者便是愚人。"也就是说，贤人与愚人的差异，是由学和不学造成的。

概而言之，学习"学问"的人是贤人，而不学习的人是愚人，福泽谕吉小时候也一定"朗读"过《实语教》吧。这一朗读教育的好处在于，读书除了能增加知识外，还能通过老师用日语读音进行流畅的、富有节奏的朗读，让孩子们通过耳朵来加以学习和记忆。

老师朗读"我十五有志于学"，学生也跟着重复朗读"我十五……"这种重复的方式能让所读的内容流畅地进入脑子，日语的准确读音便被孩子们掌握了。

另外，**其实在朗读的过程中，也包含了学习用以准确理解内容的读音**[①]。

要真正理解书中内容，在哪里停顿、怎么把握声调也是十分重要的，因为字词的意思是在读的过程中显现的。这一点在读英语读物时能够强烈感受到。且不论发音如何，只要听那个读英语的人的声调、停顿位置，便能立刻断定那人是真的理解了内容，还是并没有明白意思，只是在念文字。日语也一样，理解内容的人的朗读与不理解内容的人的朗读，他们之间的差异显然泾渭分明。

作为优秀的朗读范例，我向大家推荐新潮社发行的朗读CD片。听着由幸田弘子女士朗读的樋口一叶的《青梅竹马》和寺田农先生朗读的谷崎润一郎的《春琴抄》，书中的内容能畅行无阻地进入大脑。

学习这种准确的朗读方法，对于精读来说也是很重要的。

通过朗读掌握的知识和智慧，让你一辈子受用

我上面论述了精读的根本在于朗读，而通过朗读你所能得到的，

① 日语中的汉字单字或词组在不同的场合有多种读音，读音不同，表示的意思也不同，故作者如是说——译注。

不仅是对文章的准确理解。它可以让你掌握下面这种读书方法，**即文字的意义，通过高声朗读自然而然地进入你的大脑**，而不需要去听别人一五一十地详细解释。

我在大学的授课中经常进行名作朗读。例如，我在让学生阅读三岛由纪夫的《金阁寺》时，选出重点部分，要求他们高声朗读。学生们在朗读完之后，感受到了三岛由纪夫的才能，深感惊讶。也就是说，仅仅是对文章的朗读就打动了他们的内心，留下了深刻的记忆。同样，我还让他们朗读尼采、陀思妥耶夫斯基，学生们的理解力得以迅速提高。遗憾的是，大学的授课时间有限，只能朗读一些重点部分，如果没有条件限制的话，应该像过去寺子屋的教育方式那样，进行全文朗读。

这种做法就好比迈着坚实的步伐外出远足。我们小时候的远足，不坐大巴和火车，全靠自己的双脚，是名副其实的“远足”，我对那时的光景记忆犹新。我小学四年级时的远足，是从学校走到海边，在那里吃完午饭后再走回学校。沿途的风景，还有在归途中幽默的老师手持一根在粪池里沾上粪便的木棍，走在队伍后面驱赶十分疲乏的学生的情景，都能栩栩如生地浮现在我的脑海里。然而，六年级前后坐大巴的旅行，途中的风景几乎没有给我留下什么印象。

可以说，对全文的朗读与“远足”有着异曲同工之妙。不过，对全文的朗读做起来十分困难。我进行过几次尝试，和小学生一起用朗读的方式读完小说《哥儿》，这一马拉松式的朗读花了将近6个小时，需要相当大的体力。尝试了之后我才体会到，哪怕是成年人，朗读一个小时也十分难。不过，**当读完半本《哥儿》时，大家朗读的节奏就变得十分流畅起来。最初只能跟读的孩子，此时能够自行流利地朗读了**。朗读结束时，大家兴奋地欢呼起来……将朗读的前后进行对比，我发现他们在朗读之后比之前的精神状态更强百倍。不仅如此，孩子们还变得能很好地回答我的问题了。不用说诸如“哥儿是教什么课的老师”“哥儿寄宿的那家的主人干的最奇怪的事是什么”等一些琐碎的问题，就连“红衬衫为什么要做那样的事”等很有深度的问题，他们也能回答上来。

带来这一进步的是对全文的朗读，而非其他。因为是用自己的脚踏过的路，对一切都难以忘怀。但是，当我问读过《哥儿》的成年人“哥儿和山岚教什么课”“哥儿和山岚一度关系不好，是什么原因”时，大多数人回答不上来。实际上，读过《哥儿》的成年人，并没有读得很细，就连说出些“哥儿很会吵架”“他是典型的江户东京人”的感想都十分费劲。

我并不鼓吹急于求成。真正的读书，在于能让自己一生都受用，要精读到这样的程度。

因此，我认为你必须朗读。尽管这样做很艰苦，但留给你的东西很有价值，最终你将受益。

极致的精读是翻译，请朗读原著的华章

翻译可以说是最极致的精读吧。我翻译过几本书，深感精读的要求之高。

当然，没有特别的机会谁也不会去翻译一整本书吧。不过，有时你也可以高声朗读原著中的某一部分，并尝试翻译。朗读原著，你能得到与阅读翻译作品时不同的享受。读原著犹如你去国外旅行，直接尝到当地的空气，这是在被置换成日语后的书中所无法体验的，这种实际的体验非常重要。

一上来就读原著简直是天方夜谭！有这种想法的人不妨先读翻译本，然后在原著中读一读自己喜欢的部分。现在你只要上网很容易就能买到外版书，还有很多廉价书。**先用笔在你所读的翻译本上对你所喜欢的段落做上记号，然后在原著中找到对应的部分，做上记号，进行朗读。**不可思议的是，当你这么做的时候，你会产生自己几乎读了整本原著的错觉。这种感觉十分重要。哪怕只读了原著中的一段，你也能感受到书中的气息，它还能丰富你读翻译本时留下的印象。

要体会古文的韵味，朗读是第一位的。

我上面提到，在读外国原著时，对于那些感觉有困难的人来说

可以先读翻译本，然后再朗读原著。其实读古文和汉文也与此相同。我要建议大家的方法是，可以先读一下自己想要读的文章的现代语译文，然后高声朗读原文（或训读文[①]），这样做的话，你就能读得很深。

比如读《古事记》，一开始读原文的话很难理解。遇到这种情况时，你可以先读现代译文，然后再朗读训读文。这一先读现代译文再高声朗读原文（或训读文）的过程正是精读的过程。

据说《古事记》是在天皇的敕命下，由太安侣万将稗田阿礼讲述的故事记录下来并编辑而成的。也就是说，《古事记》本身也是通过讲述后记录下来的作品。

让我们先来读一下现代版译文。

宇宙诞生之初，天和地刚分开时，在被称为“高天原”的天上世界里相继出现了三个神。他们是天御中主神、高皇产灵神和神产灵神，这三个神既不是男性也不是女性，是“独神”，但从不显露真身。

当时地上的世界还像浮在海面上的油脂，宛若水母一般无着落地漂浮。宇摩志苇诃备比古迟神和天之常立神犹如水边芦苇长出了萌芽

① “训读文”指的是保留原有汉文的文体，在边上注上特定的符号和假名，使之能用日语的语顺来进行读解的方法——译注。

般一起出现了。此二神同样既非男性也非女性，也是“独神”，但从不显露真身。

这五个神与地上的神不同，称为“别天津神”（特别的天津神）。

《想要高声朗读的古事记》[①]，草思社

读完现代译文后，文章的意思便十分清楚了。**但是，光读现代译文领略不到古文的韵味，那是现代文所无法替代的，因此，我建议你朗读训读文。**

你应该高声朗读！有什么感觉？你能感觉到日本诞生之初活生生的模样吗？之所以建议你这么做，是因为语言的本质其实掩藏在发出声音的语汇中——也许这本身就是理所当然的事。语言在文字出现之前就存在了，文字只是最近才发明出来的。例如，日语变得可以用文字来表记，那已经是在6至7世纪汉字传入日本之后了。所以，从日语发展漫长的历史角度来看，说日本文字的诞生就在昨天也不为过。

日本自古以来存在着“言灵”的概念，人们觉得语言中寄居着灵魂。语言的生命存在于脱口而出的语汇中，只有它变成声音时才传达出了意义。

---

① 日语书名：《声に出して読みたい古事記》——译注。

我之所以出版《想要高声朗读的日语》（日语书名《声に出して読みたい日本語》——译注）系列丛书，以及《想要高声朗读的古事记》（《声に出して読みたい古事記》——译注）（两者均由草思社出版），也是出自这样的考量，即原著中寄居着生命，只有放声朗读才能回味蕴藏在其中的生命韵味。

珍视一本书，用整个身心去读书，这是长久以来日本人最基本的读书姿态。然而时至今日，也许是因为书已变得很廉价，谁都能轻易入手，所以人们不再需要用整个身心去读书，我觉得这实在令人遗憾。

因此，为了易于大家朗读，我在自己的《斋藤孝的朗读全本》（日语原名：《斎藤孝の音読破》——译注）的系列（小学馆出版）中，为太宰治的《跑吧！美乐斯》、幸田露伴的《五重塔》、夏目漱石的《哥儿》等作品注上了读音。好的作品，通过朗读愈发让你感受到它的美妙。反过来说，当你朗读后还没有任何感觉的话，则可以说该作品的文学性很差。**朗读能够发挥试金石的作用，用以辨别书的价值。**

背诵全文，
培养把握文章脉络的能力

以前我去观摩过寝屋川市公立小学二年级的授课，有件事让我十分吃惊。

整个班的孩子都能在不看书的情况下完整背诵儿童文学家斋藤隆介的作品《八郎》。该作品是用秋田县的方言写成的，题材取自于八郎潟的传说。作品篇幅很长，在教科书中占了10页以上。尽管如此，一个班的所有学生用上午20分钟的时间为我们背诵了全文。

这件事本身已经十分了不起了，但最让我佩服的是孩子们在语文课上的表现。针对老师就《八郎》提出的任何问题，孩子们都能立刻联系前后的文章脉络回答出来。正因为他们记住了全文，所以能够用各种方法将文脉联系起来，这是一堂令人瞠目结舌的极具创意的语文课。

当然，孩子们并不具备什么特殊的能力，他们只是一些随处可见的普通孩子。但是，毫无疑问，他们掌握了出色的读书技能。读书技能，只要训练就能成功掌握。

另一方面，现代日本人的背诵能力非常低下。如果我问“有谁能背诵名作？什么样的都行。”能立刻站出来回答“我能”的人一定很少，这样的状况令人担忧。

前面我提到，据传日本最早的故事《古事记》也是根据稗田阿礼的口述形成的，无疑日本有着口述的传统。柳田国男的《远野物语》也是对岩手县远野地方上口头传承的民间故事进行采集、编辑而成的。

如此众多的、意味深长的故事被各种各样的人口口相传。虽然历史上也有被称为“语部”的专事讲故事的人存在，但在普通人中也流传得相当广泛。然而，现在的日本人却将背诵这一能力丢得干干净净。

人类本身有着记忆、背诵、口口相传的能力。这是在长久的人类历史中培育起来的了不起的能力。然而，现今的时代，人们似乎已经习惯了将信息储存在大脑以外的地方，换句话说，人们不再开动自己的脑子了。

东北大学教授川岛隆太老师说：“脑子越轻松就愈发不会转动，所以让脑子轻松的工具是坏东西。”例如，在没有复印机的时代，学生只能自己动手抄书，如此，掌握的知识也就越牢固，知识运用得越多，活用知识的能力也就越能得到培养。然而，随着复印机的出现，无论什么东西都能很轻而易举地进行拷贝，甚至上课都不需要做笔记，只要拿别人的笔记来复印就万事大吉了。

进而，随着电脑的出现，复印也不需要了，岂有此理到了只要复制和粘贴便一切OK的程度。**复制和粘贴，只是将互联网上的信息拼凑起来的行为，根本不需要动脑。其结果，不但不能积累起真正的知识，**就连自己写的文章也没有进入自己的大脑。**

因此，我要大声呼吁，**我们应该实践锻炼大脑的读书方法，尤其应该进行朗读和背诵。**

朗读，将让你收获太多的“惊喜”

至此，我反复强调了朗读的重要性。下面，我想说明朗读的具体做法。

朗读时，**最重要的是找到想要朗读的部分。**尽管朗读什么样的读物都是可行的，但被称作“古典”的读物，它们拥有普世的价值观，因此我建议你用来朗读。

我有时会背诵莎士比亚戏剧、《平家物语》中的段落。随时都能背诵名段，这让人心情愉悦，进而激情澎湃。**为了达到完全记住的目的，你可以将想要背诵的部分复印下来带在身上，以便随时翻看。散步时可以读，坐在电车上也能不出声地动动嘴唇。**

边走边背会让你愈发想背下去。回到家门口，直接回家有点可惜了，你会有在家门口再转一圈的冲动，这并不是什么不可思议的事。任谁都有这样的体会吧，不管是唱演歌[①]也好，流行歌曲也好，唱会了一段，后面的歌词自然就冒出来了。背诵与唱歌有着异曲同工之妙。

也有人认为我说得不对——“文章和歌曲不一样，没有旋律和节奏，当然不好记了”。可我要说，说这种话的人只是因为他们没有真正去反复背诵过一篇普通文章，不明白什么是背诵。如果你试着加上节奏来朗读，你一定会惊喜地发现，文章很快就进入大脑了。如果你做过20次、30次、50次、100次这样的事，那你就能轻而易举地记住一篇篇文章。一旦你记住了，文章便成了你身体中的一部分！它们会丰富你今后的人生，变成你一辈子受用的财富。

接着，还有更大的惊喜在等着你。被你背下来的文章，会成为你纵观整本书的窗口。你之所以想要去背诵它，是因为它是一本书中最精彩的部分，书中的世界全都凝缩于其中。你能引用它，就如同你把握了书中世界观的全部，它让你的心胸变得更加宽阔。

一个人构筑的世界观并不宽阔，甚至可以说很狭隘。也许你的亲朋好友能帮你开拓，但还是极其有限。我们必须努力拓展自己的世界，为此，书是最有用的东西。**当你通过读书让自己的精神世界中拥有了伟大的他者，你的视野便能随之变得宽阔起来。所以，我们必须**

① 演歌：日本民族歌曲的一个种类——译注。

阅读优秀的先哲所写的书。

当你真正理解了创造了人类精神文化财富的先哲们的话语，你便会发现，人的精神其实就是伟大的他者所培育起来的茂密丛林。例如，在能背出《平家物语》中某个段落的人身上，你能看到平家人的思想和当时的武士气概的影子；在能背出宫本武藏《五轮书》的人身上，散发着剑客宫本武藏所特有的生活方式的气息。

用“快速朗读”和“朗读华章”的方式，使朗读成为日常生活的一部分

对于朗读极其有效这一点我前面已经谈了很多，想必大家也理解了。尽管如此，还是会有人说“那种做法太费时间，我不可能全部那么去做”。不过，当你习惯后，速度自然会大幅度加快。

过去我利用泡澡的时间，用朗读的方式读完了一本近400页的英文书（西德尼·谢尔顿的《告诉我你的梦》）。在浴池里朗读有种很动听的回声，在高声朗读的过程中，不知不觉自以为成了舞台演员，便一发不可收拾地读完了全文。虽说小说的内容很惊悚，但有很多大段的独白，当你变身演员来朗读时，就很容易进入角色，头脑的转动会加快，读书的速度也就不断得到提升。

在你这样做的过程中，你的视线会超越你正在朗读的部分向前推进，视野范围一下子就开阔起来了。这意味着快速而准确的“快速朗读”的训练，与速读能力直接联系在一起。与此同时，你的大脑也变得愈发灵活，这就是所谓的“要让脑子灵活起来，没有比快速朗读更好的方法”。

回首过去，朗读报纸的人不在少数。人们通过朗读报纸增加语汇，锻炼交谈和写文章的能力。谈话能力和写文章的能力在现代社会中变得越来越不可或缺。最近，在网络发邮件、写博客的人不断增加，谁都可以把自己的文章推向世界。从来没有像今天这样，有如此多的人开始着手写文章。正因为如此，为了打下交谈和写文章能力的基础，我热切希望大家将有效的朗读变成你生活中的一部分。

我也要求小学生们高声朗读。我这样指导他们，一开始可以慢一些，一点点提高速度。对于那些说“尽管如此，我还是没有时间朗读全文”的人，我建议他们“朗读精彩段落”。**“朗读精彩段落”，即选择书中的高潮部分，仅仅朗读那一部分，你也一定能感受到“言灵”的魅力！**总之，我希望你先试着朗读起来，从语言的韵律中获得享受。

各界精英，
通过精读拉开与他人的差距

我之所以反复强调精读的意义，那是因为我有着现代人开始变得轻视精读的危机感。不过，在各行各业中，以各种形式实践着精读的人也不在少数。

例如，漫画家役美鹤先生[①]。

在我与美鹤先生共同写作《国语力》（辰巳出版）时进行的对谈中，他说："实际上，几乎我所有的书都是朗读的。"为此，他甚至与他爱人睡不同的卧室……

说到美鹤先生，在电视台的智力竞赛等节目中，他将丰富的知识和灵活的头脑发挥得淋漓尽致。这一切全都归功于他在日常生活中踏踏实实的朗读。

除了美鹤先生，还有演员武田铁矢先生，他精读了大量有关坂本龙马的书，这成了他的精神力量。我们在他的人格中不也能多多少少地看到坂本龙马的影子吗？一起参加NHK电视台的节目时，我和武田先生讨论过读书的话题。武田先生年轻时太崇拜坂本龙马了，以至于让朋友称自己为"坂本"。他将自己和坂本龙马合为一体，这是多么

① 日语名为"やくみつる"，中文名以与日语读音对应的汉字译出——译注。

了不起的读书体验啊。包括青春时代所读的司马辽太郎的《龙马行》在内，与龙马有关的读物对武田先生的精神造成如此巨大的影响。当时他告诉我的读书法非常有趣。他在自己的速写本上不断地记录下书中的内容概要、引用文等。在那次的节目中他带来了几本速写本，我发现其中还记录着有关足球战术的书。我问他："您喜欢足球？"他回答我："一点儿都不喜欢，只是学习战术。"他告诉我，在读到足球战术时，他发现"日本海大海战时，日本海军在与波罗的海舰队的战役中使用的战术和足球战术有点像"，这就是他读书的乐趣。

武田先生由于做了那么多的读书笔记，所以他能在谈话中进行各种引用，并给别人提出忠告和建议。当然，一边要读大量的书，一边还要做那么详细的读书笔记，一眼看来似乎效率很低。但是，由于付出的这些努力，才使得武田先生能够在形形色色的领域中大显身手。因此，从结果上来看，只有长期不懈的努力才能最终获得完美的高效率。

把书当作笔记本——"三色圆珠笔方式"

我过去也像武田铁矢先生那样做读书笔记。在自己持续不断的摸索下，现在我直接在书上做读书笔记。

这么做需要一支三色圆珠笔。我用红、蓝、绿等三种颜色在书上画线、标圈。

这一“三色圆珠笔方式”，我在第二章“使用‘探照灯方式’，边找关键词边阅读”一节中已经叙述过，这一形式，也是对用圆珠笔为关键词做记号这种方式的进一步发挥。

我琢磨“三色圆珠笔方式”的契机来自于参加大学的应试。当我翻开某本参考书学习时，为了能够记住，我下意识地用三种颜色在上面画了线条。我意识到，这种方法用在读书上也应该十分有效。

将三种颜色分别使用，能不断记录下自己读书时的感受。当你回头重读它们时，便会一下子豁然开朗。我介绍三色的使用方法：

首先是红色，无论谁看到红色都会觉得是最重要的部分。因此，当你读书时，如果觉得“这里最重要”，只要画上红线就行了。

接下来是蓝色，在觉得“比较重要”的部分画上蓝线。

最后是绿色，在自己觉得“有意思”的地方画上圈。画上绿圈的地方完全可以是你主观的感受。它与在整本书的理论构成中是否重要没有关系，只是自己单纯地认为有意思的部分。你只要在“很好玩”的地方画上圈就行了。

较之本质的部分，反而是在那些无关紧要的地方画圈来得更有趣，应用的范围也更大。例如读一本明治时代的小说，里面写着“当时天妇罗荞麦差不多要这么多钱”，这根本就是一个无足轻重的话题。此时，你如果觉得有趣就用绿笔圈出来，以后你就能把它用作与人聊天的谈资了。也就是说，你必须全面调动感知有趣事物的神经。

运用“三色圆珠笔方式”，归纳起来有下面几个重点。

红色（客观上的重要部分）

画出你认为从客观上而言“非常重要的部分”，即一般而言谁都认为“最重要”的部分，只有这个部分集中体现了文章的主旨。

蓝色（客观上的重要部分）

画出你认为从客观上而言是“比较重要”的部分。这个部分不是主观性的，而是一般而言大家都可能认为是比较重要的，那么你就不要犹豫地画出来。当你回头再读一遍的话，它可以成为大致的内容概要。

绿色（主观认为重要的部分）

当你觉得“很有意思”，那就画上圈吧。它与文中的客观要点没有任何关系，只要你觉得喜欢、有意思，或者有感觉，就不用顾忌地在上面画上圈。

读者中也一定有人没有胆量在书上画线或画圈。可是，如果你对作者过于崇拜，那么，有时你就无法从书中得到收获。当然，如果作者是了不起的人，你必须敬重他，但你不必顾虑，你完全可以按自己的观点来读书，只有这样才能把作者的思想变成你自己的思想。

我们应该不拘一格地思想，用三色圆珠笔的方式来能动性地读书。

让“三色圆珠笔方式”变得更加行之有效

在你使用“三色圆珠笔方式”读书时，最需要注意的颜色是“绿色”。

使用绿色圆珠笔，是因为你身体内部发现有趣事物的神经被调动起来了。无法驱动你那根神经的阅读，一定是十分无趣的，所以，你最应该重视绿色圆珠笔的使用。

总之，当你开始读书时，不用考虑哪些是客观的观点，尽管跟着感觉走，在自己觉得有意思的地方画圈就行了。无疑，你也一定会在其实不那么有意思的地方画圈，但完全不用介意，只要按自己的主观意志读下去就行了。

在你这么做的过程中，那些重要的客观性部分会逐渐浮出水面，此时你便能毫不费力地启用红色或蓝色圆珠笔了。过不了多久，你也就自然而然地对“三色圆珠笔方式”驾轻就熟了。

我还得说一下，实际上我们也无须十分拘泥于红、蓝、绿三种颜色，如果你老在为究竟应该用哪种颜色而纠结的话，就会影响阅读中十分重要的速度感。

不必为是用蓝色、红色还是绿色而烦恼。假如你已经习惯用绿色了，哪怕就在很重要的客观性部分用上绿色也没有关系。

虽然我已经谙熟于“三色圆珠笔方式”了，但有时还是会觉得麻烦，遇到这种情况，索性一口气读完20多页而不换颜色。有时为了换换心情，我也会将绿色和红色对调使用。换颜色有两个好处，既达到了变换心情的目的，也容易记住，便于后来要用时快速找到。

换言之，“三色圆珠笔方式”是为了帮助你把书读得更深，而不是倒过来，为了“三色圆珠笔方式”而读书。**如果能找到最适合自己的方式，尽可以改变固有的方式。**

另外，我倡议用红色和蓝色圆珠笔“画线”，用绿色圆珠笔“画圈”是有一定道理的。

过去我也用绿色圆珠笔画线，最近则变成了大胆地用它在关键词上不断画圈。因为画圈比画线更吸引眼球，它能立刻让我反应“这个词是必须记住的”。想怎么做，当然也因人的性格而异吧。我喜欢像画画那样在书上画上并不规整的圈，并大胆地写下各种批注，我觉得这种方法十分有效。

当你用红、蓝、绿色涂满了一张张页面后，书就完全成了你的读书笔记本，你也就能随时毫不费力地从中索取你需要的信息了。如果你真的爱惜书，就不该让它清静地闲置在书架上，而应该不断在上面写字画圈，让它染上你自己的色彩，这才是对书最大的热爱。

请你丢掉这样的想法：那样一来，就不能把书卖到旧书店了。**希望你不要有卖掉一本书换回点儿小钱儿的念头，珍惜与书“一期一会[①]”的缘分而长久地拥有它吧。**

运用“三段引用法”，将喜欢的内容变成自己的知识

我自己的读书技能中还有一种方法，即“三段引用法”。

读书时，挑选出你喜欢的三个篇幅，无论是一行还是两行、三行都不是问题，段落选取的方式也不需要那么精准。你可以在和别人交谈时或写散文、写日记时进行引用。这一方法，可以让书中的文章完全成为你自己的知识。

---

① 一期一会：日本成语，出自茶道，意为一辈子难得一次的偶遇，理当珍惜——译注。

它也是你读书笔记中的一部分，它的乐趣在于，**不是单纯地找到关键词，而是有意识地寻找自己想要引用的内容，由此可以达到更强力地训练自己速读能力的目的。**

找到喜欢的段落，你还要做一些简单的笔记，注明为什么喜欢这段文字。这一作业，意味着理清自己与该作品的关系，即记下自己为什么喜欢这段文字，也就是完成下面所说的一连串的作业。

①选择三段想要引用的内容→②将它们进行排列→③消化三段内容，使之成为自己的东西＝理清自己与该作品的关系。

如此，才算读完一本书。

通过阅读而收获的知识，因此而完全储备在你的大脑中，当你和别人交谈时，或者写文章时，它们便会自然而然地向外输出。**这种效果也可称之为“引用能力”，是扩大自身表现力的能力。**遗憾的是，现代日本人俨然忘记了这种能力。

事实上，从平安时代到江户时代，缺乏引用能力意味着不读书。例如，成书于宽仁二年（公元1018年）前后的《和汉朗咏集》（藤原公任撰），该书中分门别类地收集了平安时代贵族们经常引用的、很适合于朗读的优秀文章和诗歌。这是日本的传统文化。据说，幸田露伴以及夏目漱石由于经常朗读，所以他们不用翻书就能极其流畅地引用汉诗。

然而，到了当下的时代，几乎没有人朗读汉诗了。现在的孩子们即便为了升学考试会背一些文章，但也不是名文、名句。这样的结果，就是丧失掉了对名文、名句的记忆能力。我认为，这些能力其实才是读书最重要的能力，因为**知识修养就是引用能力本身。说得极端一些，不会引用的人，就是缺乏知识修养。**

并非只有我一个人在此说这种话，这是全世界的人的普遍认知。例如，在欧洲，不会引用莎士比亚作品的人，会被人认为缺乏修养。反之，如果你能引用歌德、孔子的名句、名文，得到的评价会是："哦，这人很有修养。"也就是说，你能够引用，会被人认为你对名作有很深的领会。

读完一本书，即便没有完全理解整本书的内容，但还是有些部分打动了你，那么，还是有了读这本书的意义。

从一篇文章中受到激励，成为你思考的契机，这才是重要的。

我在大学里授课，每周布置学生写一篇随笔，并要求他们"必须要有引用，在引用的基础上结合自己的体会写出一篇文章"。这样一来，**原来从不会引用而文章写得空洞无物的学生也开始变得旁征博引起来，能够写出有价值的文章了。**无疑，学会引用对谁都是有百利而无一害。

不用说，能写出被众人拜读的书的人都是些了不起的人，人们常常被他们说的话打动也在情理之中。因此，引用名言名句也能增加吸引谈话对方的效果。哪怕他对你本身没什么兴趣，但由于你引用的内容很有冲击力，也能因此吸引他。当然，**在引用时希望你能做到准确。不过，一开始哪怕停留在“差不多是这个意思……”的水准上也无关紧要**。你不必介意是不是说错一个词、一个句子。只要记住了关键词，说出大致内容就行了。

反复谈论读过的内容，大幅提升引用能力

第二章中我谈了设定读书目的，即假设“要将现在所读的内容明天介绍给某某人听”，由此来提升速读能力。

如果不是“假设”，而是真的去介绍给什么人听，那么不仅是你的速读能力得到了提升，而且精读能力也随之提高了。为什么这么说呢？因为有了介绍给别人听这一明确的目的，为了达到目的，你的精力也就变得集中起来。

进而，**如果你在抄写的基础上，带着要和人去谈论的目的用心去读书，那么前面提到的精读中尤其重要的引用能力也会得以大幅度提高。**

重要的是，你应该将平日带在身边、随时准备一读的那本书的内容，利用每一个机会介绍给朋友或恋人听。如果你有一个像你一样热爱读书的恋人，那就该恭喜你了。即使你的恋人读书并不多，但如果能对你说“我不怎么读书，但你告诉了我很多，太好了”，那么她（他）可以说是个不错的恋人！要想成为读书达人，应该找这样的恋人。另外，拥有能和你谈论书的良友也十分重要。与那些求知欲、好奇心旺盛的人交往，一定能让你们共同进步，让人生变得更加丰富。

精读就是要求一字一句地细嚼慢咽，最终正确且准确地吸收内容，使之成为自己的知识，这就是精读的目标。所以，**读完书后你要不断去谈论，在这个过程中，你对书的吸收度能得以提高，也会越来越喜欢读书**。这一点犹如你在告诉某某人你喜欢她的同时，对那人的喜欢程度又加深了。当你在说你喜欢这本书时，你便会越发爱上这本书。

丰富人生的阅读，不仅在于吸收知识，也是让自己产生热爱的阅读，是让你想把书中的内容介绍给他人听的阅读。

运用“呼吸法”和“带着书出门”，进一步练习精读技能

呼吸法也是精读中很有用的技能。

这种技能并不难掌握。你要做的就是用鼻子吸气、用嘴巴吐气。做的时候最好放慢速度，尽可能地延长吐气的时间。这也是佛陀的呼吸法，是提高精神集中力的最恰当的呼吸法。

具体的做法是：用鼻子吸气三秒，停两秒，用嘴巴吐气十五秒。吐气时，是最集中精力的时候。你可以一边吐气一边读一行字，能做到的话，就尽可能地多读几行。这种状态与其说是读，不如说是浏览，不过，书中内容却能完整地进入大脑。

边吐气边以念叨“原来如此、原来如此、原来如此、原来如此、原来如此”的节奏阅读，你的视线便能逐渐环顾到整体。如果做到了这一点，那真是太好了！你在获得这一精读技能的同时，也获得了属于速读法之一的“拓宽视野”的效果。

另外，要将书中的知识变成自己的，在一段时间内带着书出门也是可以运用的技能。无论什么书都可以，比如想要学习《论语》，那么将它在你的包里装上一个月吧。只要有空就取出来一读，用三色圆珠笔方式将它变成自己的笔记。我用这种方法在咖啡馆里一点点地翻译《论语》，最后出版了《现代语译论语》（筑摩新书）。即便是马基雅维利的《君主》那样的著作，你定下一个月的阅读时间，每天和它相处，你就一定能完全读懂它。

顺便提一下我自己。我在学生时代，夹克衫的几个口袋里总是鼓鼓囊囊地装着三本书到处跑。夹克衫渐渐变得松垮起来，穿坏了好几件。

后来我进行了反省，开始减少带在身上的图书数量，从三本减到两本，再减到一本，当我最终减到一本时，反而精力变得更加集中了。因此，你要精读的话，带上“那一本”出门是最好的选择。

掌握具有临场感的读书法，让知识成为自己的血肉

读书的作用之一就是能激发学习热情。我们在电视上见到那些了不起的人，引发的无不是一过性的激动。而书，表现的则是作者的精神中最为微妙的东西，因此，我们会受到作者强大精神力量的鼓舞，上进心油然而生。

我在序章中谈到，创立了“BOOK OFF”和“我的法兰西”“我的意大利”的坂本孝先生，现在仍然将京瓷创业者稻盛和夫先生的精神、思想、理念作为自身经营理念的根本。坂本先生不仅去听稻盛先生的演讲，听完演讲后还一遍又一遍地阅读稻盛先生的著作，他不断地将那些他认为是根本性的东西记在脑子里，并灵活运用于自己的经营活动中。从某种意义上而言，这种方法可以称为具有临场感的读书法吧。即坂本先生去现场听演讲，进而读书，将稻盛先生的一切都吸收过来为自己所用。

事实上，去现场听演讲，你会被场上的气氛所感染而激发起强烈的热情，从而获得一次自我成长的好机会。不过，听顶尖人物的演讲会机会实在有限，并且自身也不一定符合可以去听的条件，有时即便十分想去但完全抽不出时间，这种情况不在少数。因此，如果你无法去参加演讲会，那么，你可以想象实际参加演讲会时的现场感，以这种感觉来读书。换言之，**你可以用听演讲会时的高昂情绪来面对你的书**。

实践这一具有临场感的读书法并不难。你只要抱定“这本书一定让我获益匪浅”的信念，以跃跃欲试的心态翻开书页就行了。尤其当你心里已经有了诸如“这才是我迫切需要的书”的明确目的时，你就会全身心地投入到书中的世界里，变得兴奋不已，带着强烈的临场感读完整本书。这种让人欲罢不能的读书感觉十分重要。

快速摄取知识的读书，仅以获得知识而告终。当然，我们有时需要这样的读书，但从中我们能得到的仅仅是停留在表层上的东西。而那些使你兴奋不已的读书，会让知识变成你的血肉。这种兴奋感还会带入你的工作中。

抄写，
增强你的记忆力

用身体来体验，从这一角度而言，抄写的工作也可以说是阅读的精髓吧。

我听说过博物学家南方熊楠的一件事，还在孩提时代，他在朋友家看到了一本画册，把它们记在脑子里，回家后马上画了出来。不愧为有着“博览强记”美誉的南方熊楠，出身于和歌山县，后来在大英博物馆从事研究，成为了世界著名的博物学家。记忆力完全可以依靠锻炼得到提高。

在庆应义塾的官方网站上刊登着福泽谕吉的年谱，其中有一条：安政三年（公元1856年）“从奥平壹歧处借阅佩鲁筑城书暗自抄写”。这个故事出现在自传的最高杰作《福翁自传》中。

有一次谕吉去拜访丰前中津藩家老的奥平壹歧。壹歧取出一本荷兰的《筑城书》炫耀，并说这是他在长崎花了二十三两大银入手的。迄今为止只见过荷兰的物理书和医学书的谕吉，第一次见到如何建造城堡的书。于是，谕吉百般讨好壹歧，好不容易将书借到手，一鼓作气地抄写了下来。不久，谕吉再也无法忍受城门看守这一下级武士的生活，卖掉了父亲百助的藏书以及家里的财产，借了外债，在说服母亲后直奔大阪。在大阪，他以翻译手抄本《筑城书》的名义，在适塾[①]中生活和学习。

另外还有一件事，谕吉入塾的第二年，适塾的老师绪方洪庵从福冈藩主的黑田长溥那里借来了据称价值达八十两的物理学原著《罔德贝路特》[②]，租借时限为三天，老师让塾生们交替抄下了其中的“电学”部分。书有时很珍贵、很值钱，当时的人就这样不厌其烦地抄书。

和朗读一样，抄书也能让书中的知识完全成为自己的东西。看一下结果我们就能清楚，当时的人以极快的速度增长了知识，因此，也可以说抄写是精读最有效的方法。

① 适塾：全称为“适适斋塾”，江户时代后期由兰学家、医学家绪方洪庵在大阪船场开设的学习兰学的私塾——译注。

② 据著名学者、福泽谕吉研究专家平山洋的研究，《福翁自传》中出现的“罔德贝路特”应为该物理学原著的作者名字，而非书名——译注。

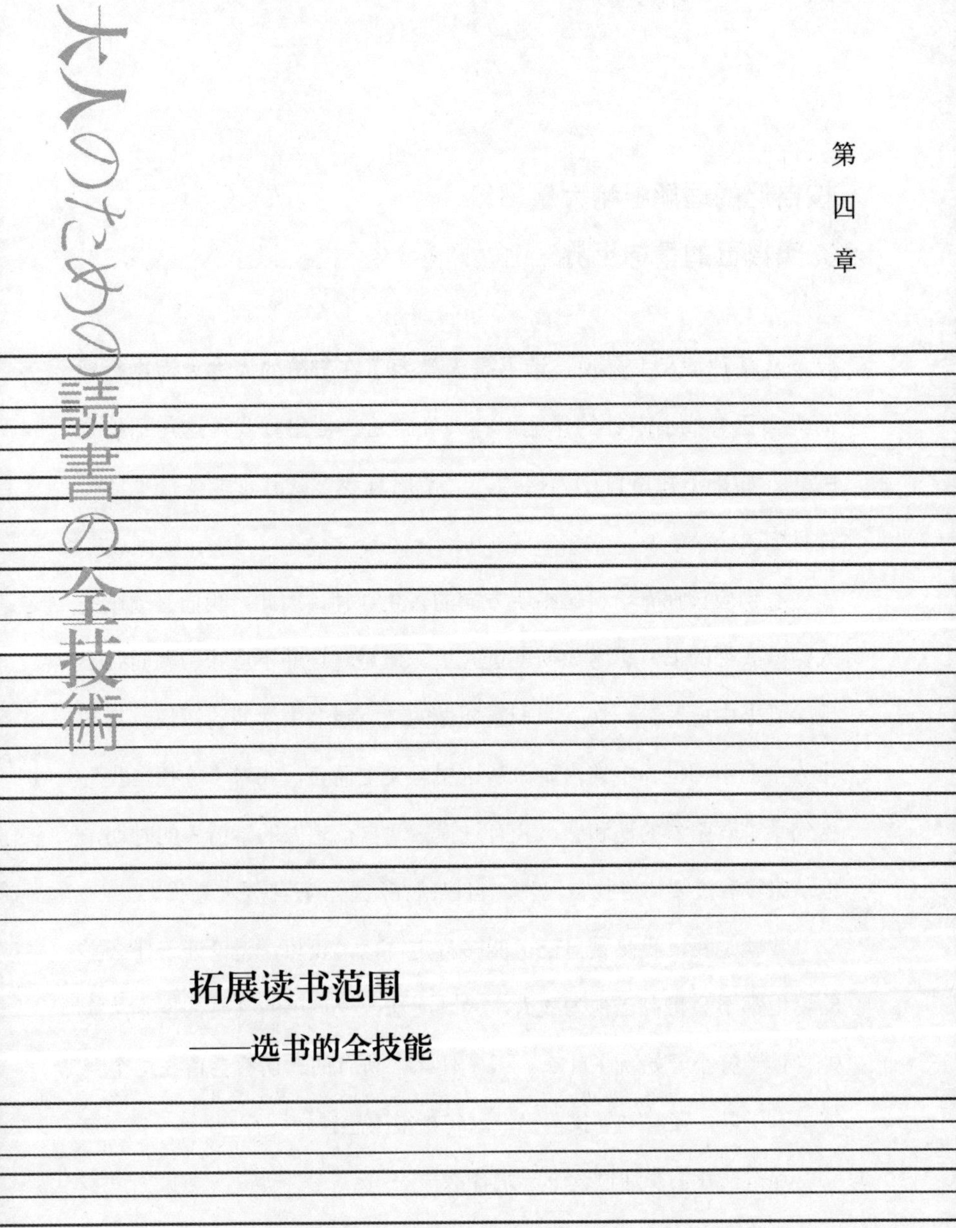

第四章

拓展读书范围

——选书的全技能

按自己的理解咀嚼大量书籍，充实自己的精神世界

从某种意义上来说，**读书是人类为了在茫茫的人生大海中行船而为自己寻找指南针的作业**。有人经常将“活出真我”这句话挂在嘴边。如果不知道自己为何物，“活出真我”就有可能变成“活得任性”。

我们应该拥有给自己指明方向的人生导师，因此，我们必须读先人留给我们的书，思考如何度过人生。但是，这并不意味着囫囵吞枣地接受书中所写的一切。我们需要做的是咀嚼书中学到的知识，将其化为自己精神世界中的内质。从这层意义上而言，我对“寻找自我”这句话有着强烈的违和感。我有过摸索“自己想做的事情”的时期，但从来没有过要“寻找自己”。自己就在这里，没必要去寻找。

我就是我，我热爱自己，能够肯定自己，我想，无论处于什么样的境地都不会将自己视为敌人。人既无法改变自己的气质，也无法换掉身体。打小开始玩了什么、干了什么，所有的一切都会留在这个身体里。所以，我对“寻找自己”这句话很不感冒。

那么，我们想通过读书寻求什么……

就像我前面所说的那样，无论邂逅多么伟大的书籍，你都不需要顶礼膜拜，而是应该用自己的方式来咀嚼浓缩在那里面的精髓，将

它们吸收进自己的精神世界。你应该尽可能多地吸收信息，让自己成为过滤器，将留存下来的东西变成你自己的东西。在大量阅读的过程中，你会逐渐学会选择，知道该为自己留下什么。

一开始，你可能会热衷于那些并不适合于自己的书，脑子变得一片混乱。但是，当你大量阅读之后，选书的能力就会得到提高，你会恍然大悟“虽然我很喜欢这本书，但它并不适合我”。

以“滚雪球”的方式，拓展读书范围

在我自己最重视也是最精华的读书法中，有一种方法叫“滚雪球法”。

读书过程中，我们会喜欢上某个特定的作者，不知不觉中，最终变得只读那个作者写的书了。有人说只要读那人的书就感觉很幸福。

经常听人说“又在读太宰治的书了”，我也有一段那样的时期，几乎把太宰治的作品全部读了一遍。喜欢上了某个作者，就想读遍他的所有著作，这或许是人的天性。如果那是一组系列作品，里面有个极有魅力的角色的话就更不用说了，读者不但想读遍作者的全部作品，还想知道人物角色的所有一切。

我最近痴迷于美国作家唐纳德·埃德温·维斯雷克的“多特蒙德”系列小说。主人公多特蒙德是个天才式的犯罪大师，魅力十足。日本出版的翻译本四处告罄，我几乎是在旧书店才找到这些书的。

当然，对于一部作品的看法见仁见智，我觉得这一系列小说有着其他作品没有的独特魅力。而且，越读越想知道多特蒙德下一次又会干出什么事……这种让人欲罢不能的读书方式，就是“滚雪球法”。这种方法并不坏，有喜欢的角色就全部读完，有喜欢的作者就全部读完……就这样被书吸引，读书的质量也随之在改变。

对于读书这件事，喜好十分重要。孔子说：“知之者不如好之者，好之者不如乐之者。”他说的是什么意思呢？“想学习的人不如爱学习的人，进而，爱学习的人不如做学问可以享受到真正的快乐，这是任何事情都无法代替的。”

对于一个人的职业来说也是如此，爱上了这个职业，就会去不断钻研。书，只有你喜欢上了，才能读得深，才能感受读书的幸福。活在当下的我们，只能忙里偷闲地读书，但长此以往会让人精神上不堪忍受。

因此，除了工作上必须读的那些书之外，一直以来我都保证留给自己读喜欢读的书的时间。这一读书时间宛如我的精神避难所，能让我做回自己。我也希望你能找到自己喜欢读的书。

用书单激发热情，提升输出能力

我有一段时间经常做书单（读书记录）。

我的做法是：记录书名、作者、出版社（有时是××文库的商标名称等），再添加上一句感想文。我的个人主页上现在还有这些内容，我挑一部分介绍给大家。

《活着的意义》　高史明　筑摩文库（日语书名：《生きることの意味》——译注）

过了30岁读它，感动得哭了。

《苦海净土》　石牟礼道子　讲坛社文库

文字很有感染力。不仅是对水俣病的记录，活生生的人性描写也给人以强烈的印象。此书必须一读。

《人间纪实》　镰田慧　筑摩文库（日语书名：《ドキュメント人間》——译注）

作者既站在社会弱势群体的立场上，又以自己独特的立场记录了学习、苦斗中的人们的境况。作者的生活方式令人钦佩。作者的自传体作品《我从生活中学到的》（岩波现代文库）（日语书名：《僕が世の中に学んだこと》——译注）也十分令人感动。

《某明治人的记录会津人柴五郎的遗书》　石光真人编著　中公新书（日语书名：《ある明治人の記録　会津人柴五郎の遺書》——译注）

本书中的事实让人震惊得瞠目结舌，朗读后泪流满面。文言体。传达出武士的气概。

《开着的小门》　维吉尼亚·阿克斯莱　日本编辑学校出版部

是对自闭症男孩的临床记录。一口气读完这本书，深受感动。

《明月点燃我的生命》　林尹夫　筑摩文库（日语书名：《わがいのち明月に燃ゆ》——译注）

被学徒出阵中的一个学子的好学精神和高水平所征服，并深受感动。作为学生至少该被震撼心灵一次。

《当语言振聋发聩时》　竹内敏　晴筑摩文库（日语书名：《ことばが劈かるとき》——译注）

记录了失聪人士的大半生，感人至深。《满时》，筑摩书房（《時満ちくれば》——译注）；《孩子的身体与语言》，晶文社（《子供のからだとことば》——译注）；《“身体”与“语言”的课程》，讲坛社现代思想新书（《“からだ”と“ことば”のレッスン》——译注）等。易读、有深度。追求的是“身体”解放。

《夜与雾》　弗兰克尔　美铃书房

心理学家记录下的犹太强制收容所里的体验，感人至深。我无法用语言来形容这段历史事实的沉重感，深刻地领会了人带着希望活下去的重要性。

这种书单，既是自己的读书记录，也是通过博客以及推特等手段向外输出时的主要资料。进而，它还能激发你阅读各种书籍的热情。

我还要向各位学生读者建言，在建立书单的同时，请尽可能地写上一两句自己的感言，并对自己喜欢的章节加以引用。

在学生时代读书，抓住开拓心灵的绝佳时机

在和职场上的人交谈时经常听他们感叹："学生时代有那么多时间，却没有好好读书，稀里糊涂就毕业了。"**我想，这是因为学生没有工作，或者说还没有进入社会，因此没有读了书怎么运用到工作中去的实感。没有实感，所以学生觉得读书没有太大的意义。**

可是，进入社会后，就有很多人后悔——"那时要是多读点书该多好。"因为一成为职场人士，他们就会时常感受到，学生时代以为工作上用不到的必需的知识和修养其实很重要。

福泽谕吉在《劝学篇》以及《福翁自传》等著作中写道："没有任何目的的学习很重要。""学生时代，不要去想现在的学习以后可以挣到多少钱，这一点很重要。"我也认为，学生时代安心学习、研究学问是理所当然的、很重要的。在有闲暇时间的学生时代，更应该激励自己读书，吸收知识，或许今后的某一天就会用到。

近来，大学生也因实习制度而和企业有了直接联系，为了毕业后的工作，读书的学生多了起来。读书本身是好事，可是大量的学生所读的书似乎有着非常大的倾向。换句话说，就是有些学生仅仅为了就业这一目的而读书。他们只追求现实社会即企业中需要的知识，只为这一个目的而读书。觉得读陀思妥耶夫斯基和布鲁斯特的书没用的学生在增加。或许这是时代的趋势，已无法挽回。

但是，这未必是好事。人总是要走上工作岗位，哪怕不喜欢，也不得不读一些与工作有关的书。在这一天到来之前，能埋头于纯粹学问的学生时代，是多么弥足珍贵。我们绝对不应该浪费与书邂逅、拓宽自己精神世界的绝佳机会。

从表面上看，似乎在现实社会中没有任何作用的知识，其实作用不可估量，这是作为一个人的修养的读书，充满乐趣。有作用还是没作用，就连读书人自己都不清楚，这就是读书的魅力。正因为如此，在学生时代把握亲近哲学、热爱古典、研读科学书的机会，埋头于与现实社会没有直接关系的领域的学习，是十分重要的。

走上社会后，注重在现实社会中立足的读书

当然，即便走上社会后，我还是不希望你忘记学生时代很有乐趣的读书方式。不过，进入职场后，读书的时间一定会受到很大限制，不知不觉中离读书习惯越来越远，有人甚至一年读不了一本书。

另一方面，现代社会时刻发生着变化，每个人都需要自我革新。每天都有新的概念和理论出现，如果懒于学习，这些新的概念和理论就会立刻成为工作上的障碍，等待你的便是在一个组织体系内的评价急剧下降的残酷现实。

要在现实中站稳脚跟，找到支撑你的根本性力量，也不外乎读书。

临时抱佛脚地参加培训、看看电视，或者在互联网上搜集一些信息等做法，无法从本质上改变现状。虽说从朋友那里获得信息会给你某种刺激，但那并不能立刻形成有效的自我革新。与其这么做，不如把时间花在反思自己、开发自我等更重要的事情上。**与书面对，理解书上所写的东西，将之化为自己的内在精神……这便是真正的读书时间。**

读书是与伟大作者的对话（也许其中也有不伟大的作者）。当然，这里所说的对话并不是指直接和作者谈话，而是意味着读作者写下的文字，以此为引导来对自己加以反思。这一过程能让你成长起

来。朋友之间即便进行很严肃认真的谈话，还是过后即忘。而书就不同了，你能顺着文脉深化自己的思想。这一过程，打个比方，就好比跟着导游登高，你可以登上依靠你一个人的力量怎么都无法登上的高山顶。也可以比喻为潜水，最初你一个人无法顺利潜入水中，但有了引导者，你在潜水的过程中掌握了要领，一个人便能潜入海底。**在作者思想的引导下读书，你能逐渐地将作者的思想化为你自己的思想。**

有意思的是，较之学生时代，更多人在走上社会后变得能更好地与作者对话，读书状态更加完美。因为社会人士总是缺少时间，所以他们格外清楚，抽出的一点读书时间是多么宝贵。他们还知道，如何支配时间也许左右着自己的人生。

所以，从结果上而言，**有效地活用珍贵的时间以及有意识地增强读书密度，能激发起想要不断提高自己读书能力的欲望。**

探索名著大海中深邃的知识，掌握“输出能力”

也有人号称，不读任何书，一切靠自己创意，这才是活出自己。我所认识的某广告公司的制作人也这么说。

这个人很有才，我们在电视里经常看到的广告都出自他之手。

他给人的感觉就是那种“在广告界，需要的是灵感，谈什么理论都没用，只是依靠敏锐的直觉在工作”的人，他说：“我不读书，爱看《哆啦A梦》。”

他说得不错。他将《哆啦A梦》读了一遍又一遍，比谁读得都深，因此，通过《哆啦A梦》，他接触到了大量书籍——他自己这么说。

实际上，藤子·F.不二雄先生的家里和职场，犹如图书馆那样摆满了书，而且种类包罗万象。就在这一书海中，从大人到孩子无人不爱的了不起的杰作《哆啦A梦》诞生了。作者的创作源泉来自于大量的书籍，**《哆啦A梦》这一作品的根源中有着深邃而浩瀚的知识海洋**。因此，我们在读《哆啦A梦》时，能够感受到知识海洋的存在。

我还听说北野武先生读书量极大。有一次他在谈到电影的话题时说：“年轻人想要拍电影，但缺少知识修养，无法把思想表现出来。懂的事情太少就是不行，没有深度。”意思大致如此。

电影导演黑泽明也读过不少书，在他写的文章中提到，他自己都不知读了多少遍陀思妥耶夫斯基的《白痴》、托尔斯泰的《战争与和平》等书。1951年他把《白痴》搬上荧幕，但没有拍过《战争与和平》。而他一遍又一遍地阅读该小说，我们可以想象出他在拍那些以战国时代为舞台的历史影片时，是如何将从《战争与和平》中学到的并存积于自己心中的东西融入电影中的，**这就是所谓的人的知识积累**

或者知识储备吧。实际上，不断增加储备量，即是不让人的思想枯竭的重要手段。

电影，可以说是向世人输出自己感受和主张的手段之一，为了提升这一输出手段的质，唯有提高输入的质和量。我们必须做的就是不断读书和不断倾听，增加自己的知识储备。

活在现代社会的我们，需要具备比过去的人更强的输出能力。无论是在会议上，还是在销售第一线，就连在纯属自己的时间空间里，如何出色地表现自己，让别人更好地了解自己，都会左右别人对你的评价。仅从这一点上而言，我认为，如何更有效、更多地吸收新知识和新概念已经成了一个巨大的命题，需要每个人自己来解答。

我将在第五章中详细说明提高输出能力的读书方法。

用内含强大应用力的经典，追求读书的高性价比

我认为，从书籍能成为你的精神支柱这一意义出发，较之读100本书，更应该反复阅读诸如《论语》那样的经典，哪怕只此一本，作用一定更大。

涩泽荣一的《论语与算盘》也是我想推荐的一本书。涩泽荣一说

过："我用《论语》来发展经济。"而事实上《论语》中反复强调要鄙视金钱。孔子屡次称赞弟子颜回，安贫、好学，贤哉。他认为，金钱这种东西，对人的成长来说并不重要。

涩泽荣一当然十分清楚孔子的这一思想，但他也清楚地看到，如果不发展经济，日本人就难以获得幸福，日本在走向近代化国家的道路上，经济将起到非常重要的作用。于是，他于明治六年（1873年）八月开设了第一国立银行。但在当时，他并没有生搬硬套地导入欧美银行的组织模式，而是将银行的经营与《论语》的世界结合在了一起。

他将孔子的话逐一为我所用地加以领会，换言之就是将《论语》化为自己的精神力量的根本。除了第一国立银行，他还参与了超过500家企业的设立，进而开设学校，将全部精力投入到了社会活动中。肩负着如此大量的工作，在背后支撑着他的是《论语》中的那些话。无论做什么，涩泽荣一自身也一定感觉到了《论语》在背后推动着自己。

古典名著中，内含着诸如此类能让人产生力量的精神。当我们在学习拥有普世价值的真理之时，先哲们的教诲便是指导我们行动的极好教材。正因为它们有深度，所以被一代代人所传承而称为经典。**从读书方法这一点而言，学习经典，实际上是性价比极高的学习。**

不错，刚开始读经典名著时会觉得很难，但只要领会了，可活用的范围就会扩大。经典教会我们的是具有普世价值的真理，因此，无论过了10年还是20年、30年，直至老死，它们无疑都是我们人生的指路明灯，照亮我们前进的方向。

对于需要抽出时间来读书的社会人士来说，需要考虑读书性价比。

站在性价比的角度来考虑的话，首先应该关注的就是经典名著吧。当然，在有限的时间里能读多少本书也是性价比的体现，这一点很重要。

为了有效地找到能成为自己真正的精神支柱并让人格不断提升的书籍，我们不能急于求成，首先要做的就是多读书。关于如何多读书的问题，我在第二章里已经谈到了。如果能和支撑自己一生的书籍相遇，即使花上几个月的时间找到它，也是性价比极高的、非常值得去做的事。

善用解读本，
有效读懂古典读物

新书类图书中通俗易懂的书较多，比较容易取得速读的效果，问题在于古典读物。

古典读物中主要有两类：一类是以《论语》为代表的名副其实的“古典”。另一类是相对前者较新的、被公认的古今东西的名著。例如，奥地利精神科医师弗兰克尔根据自己集中营的体验于1946年出版的《夜与雾》、弗洛伊德根据1915年至1917年在维也纳大学进行的公开讲义内容完成的《精神分析入门》等都属于此类。

其中《夜与雾》毫不费力就能读完，而《精神分析入门》就比较难了。再如德国哲学家海德格尔的《存在与时间》（出版于1927年）以及黑格尔的《精神现象学》等著作，读起来费力难懂，也有厚度，要掌握书中的内容实在不是一件易事。

我自己在和朋友们的读书会中读过《存在与时间》。由于是将德语原著和翻译本对照着读，所以进度极其缓慢，花了好几年的时间才读完。花了那么长的时间读完，如果能理解了倒也不错，问题是不但读得人头昏脑涨，而且脑子里留下的尽是“？”，就连自己是不是真的理解了都不清楚，这就是当时读这本书时的状态。

当然，这种认真的态度不是坏事。不过，从此我便领悟到阅读海德格尔的著作是无法完成的任务，因此而改变了读书策略，那就是在读了几本有关《存在与时间》的解读本后再来读原著。如此一来，之前脑子里的那些“？”也在一定程度上得以消解，“哦，差不多明白了”，我暗自庆幸这种方法收到了成效。当时我醒悟到，对于一个不专业的人来说，绝不能去徒手攀岩悬崖绝壁。

我们经常说要自己读书，这很重要，其实，**如果是太难的书，就连独自读完都无法做到。无论你怎么挣扎都只是浪费时间。有一种书的存在就是为了助你一臂之力，它的解读能让你茅塞顿开。**遇到读不下去的书时，你不要犹豫，可以翻开解读书、翻译本求助，犹如让自己坐上直升机直冲云霄。

比如围绕尼采的《查拉特拉图斯如是说》等十分难懂的书，市面上有很多研究类、解读类、翻译类的读本，其中我最中意的是手塚富雄老师的翻译本，即中公文库版的《查拉特拉图斯如是说》。

这本译著非常厚，内容都集中在一本书里，手塚老师还在各章节前写上了梗概，如“本章中尼采第一次论述了超人”“……是超人”等。书中的注释也十分翔实，真的是非常易于理解。

我上面所写的这些并不仅限于阅读哲学等理论书，读文学作品也一样。**善于利用通俗易懂的翻译本和解读本是走向领会名著精髓的最短途径。**例如，如果你想体验陀思妥耶夫斯基的世界，那就读亀山郁老师翻译的《罪与罚》（光文社古典新译文库）和《卡拉马佐夫兄弟》（出版社同上），都是非常通俗易懂的读本。进而，你如果想搞清楚作品的背景，那就读一下江川卓老师的《揭秘<卡拉马佐夫兄弟>》和《揭秘<罪与罚>》（两书均出自新潮选书），都很有参考价值。

另外，在选择难读的书，尤其是文库本时，挑选有充实的解读内容的书也很重要。先好好读一下解读文章，很多时候能让你比较轻松地把握住内容。

漫画不仅让你解压，也是与人沟通的手段

我还在旧书店里购买漫画书。

不少漫画书，如果你想集齐一整套，数量相当可观。如果是新书的话，价钱则不容小觑。因此，我选择在旧书店买漫画书，即便集齐全套金额也能承受。为了收集漫画书，我不可谓不勤勤恳恳，一册一册地将它们集齐。这对于一个发烧友来说，也是一大乐趣。

提到漫画的作用，大家首先想到的就是帮人解压。

我特别喜欢畑中纯先生的《曼陀罗屋的良太》（日语书名：《まんだら屋の良太》——译注）。不管多么累，只要一读《曼陀罗屋的良太》，疲劳顿消，犹如泡了温泉一般。这套书现在已经售罄了。当时我非常担心买不到此书，不知不觉中竟集齐了两套。

漫画还有一个功效，就是能拓展与人交流的宽度。

例如，我和孩子们读了同样的漫画书，我和他们就有了共同的话题。我和孩子们之间也有着可以心领神会的话语，比如，千叶彻弥

根据高森朝雄（梶原一骑）原作画的《明天的丈》（日语书名：《あしたのジョー》——译注）中，力石彻击败矢吹丈时有一段著名的台词——“结束了……一切都结束了……”每当需要时，我就会朗诵它。

这些能让人产生共鸣的语言交流，也使得亲子之间的对话得以顺利进行。当然，这并不限于亲子关系，在与年轻人的交流中，如果脑子里有着漫画的信息，就能一下子拓展话题。从这一角度而言，我买的几百本漫画书，作为现代社会中所需的基础修养也发挥了很大作用。

与年轻人的交流，一开始就进入有些难度的话题时，沟通便很难顺利推进，如果从漫画的世界进入的话，就会变得十分通畅。站在这一点上来看，漫画是与人沟通的非常便利的工具。

图书馆是邂逅好书的极佳去处，请在图书馆寻觅应该购买的书吧

我在前面谈到了作为广泛接触书籍的途径之一，经常跑书店非常重要。图书馆也可以算是极好的去处，我年轻时经常去图书馆看书。

图书馆的好处在于，与以新书为主的书店不同，那里有很多老

书，种类非常齐全。

对于书店来说，空间十分有限，而新书在不断涌现，因此过一段时间就会没有存放老书的空位了。就我本人而言，一年大概出5至6本书，有时书店里一本存货都没有。就连销售量达到20万册的书，也很快就会从书店的货架上消失。我曾经为如此严峻的状况惊愕过。我非常清楚为什么大家都说“书的寿命很短”。

与书店相比，图书馆场地很大，藏有大量名著，完全称得上是邂逅好书的绝佳去处，那里还有一些十分珍贵的闭架书。

图书馆本来就是市民的公共设施，所以可以利用它来坚持一种有图书参与其中的生活方式，这是它的好处。只是，图书馆里的书是必须还的，也不能在书上画线、不能折叠。如果那么做的话，便成了犯罪。换言之，在图书馆里借的书，不能很自由地为我所用，这一点十分遗憾。因此，我去图书馆，不是为了查阅资料，就是为了寻觅应该买的书。我在随意翻阅的过程中决定买还是不买。

另外，作为一个学者，我有时需要一些现在已经不再重版的书，如明治时代的书。遇到这种情况，我便去图书馆找来复印。

孩子小的时候，我也经常去图书馆。有时为了让孩子读连环画，但不清楚他们喜欢什么样的书，因此带他们去藏有100本、200本连环画的图书馆一本本地读，等发现了他们喜欢的再去书店买。

不管怎么说，图书馆里有着数量庞大的图书，可以说，它对于确认是否是自己真想要的书、是不是该买的书，有着十分大的利用价值。

了解逛旧书店的乐趣，充实你的读书生活

我工作的明治大学就在神保町的边上。对我来说，神保町在某种意义上是个危险的地方。

神保町中，既有专卖歌舞伎书类的店，也有音乐类书籍十分齐全的店，还有销售全部岩波文库类书的店，各种有特色的旧书店鳞次栉比，光是眺望这条街就已经让人心情激动。

书店里，从便宜的到昂贵的书应有尽有，让我对它们心动不已。每当吃完午饭后，我就去随意小逛片刻，立刻就有十几本书入手，每次都是抱着一大堆书回到研究室。我的研究室里现在已经是旧书堆积如山了，连整理都无法下手。

然而，与书的邂逅是十分珍贵的体验，冲着它能充实我们的阅读生活这一点，我非常希望你经常光顾旧书店。最近，社会上出现了回归旧书店的倾向。理由之一就在于，新书售罄、成为绝版书的速度非常快。过去可以卖10年、20年的书，现在过了3年便成绝版，无法

再入手，这已经成了家常便饭。从这一点上来说，旧书店变得十分珍贵。**自己想要读的书，错过了入手机会后，旧书店就成了与之再会的去处。**

过去，我有一家经常去的旧书店。我住在江古田的时候，由于孩子还小，每次带他们去那家旧书店时，孩子选他们的漫画书，我就慢慢地选我自己要的书。那真是一段十分奢侈的时光。渐渐地，我发现自己对这家书店变得十分熟识起来，知道哪个架子上放着哪些书，很多时候它们成为我整理自己脑中图书馆的灵感。

最近，我经常在网上书店购旧书，其中有的书花一日元就能入手。虽然那些书非常渴望在实体的书店里有人亲手挑选后买走它们，但在网上能很容易地检索大量旧书这一好处，却是实体店无法替代的，因此，我想好好地利用它。

善用网络书店，
让它成为与书相知的场所

在互联网发展之前，要买到一本已经售罄的书十分艰难。而到了今天，只要利用网上书店或网上旧书店就能很轻易入手。

我自从学会了用智能手机上网购旧书的方法，旧书的购入量一下

子增加了不少，甚至到了家人提抗议、希望我节制一点的地步。比方说，我读了某本书后，一旦喜欢上了那位作者，就难以控制地想买下他写的全部著作。况且，只要在智能手机上稍微动一下手指就能轻易入手。如此一来，每个星期都有旧书寄到我家，家里的空间都被书占领了，变得一发而不可收拾。

当然，我的例子有点过于极端，但我们确实进入了一个了不起的时代，它充实着我们的读书生活。我曾经对网络书店有过“经营会面临困难”的担心，但实际使用后，发现只要点击几下鼠标就能购书，不知不觉中将一般情况下不会买的书也买了下来。结果购书量持续增加，我的想法也发生了变化——“网络书店也许能支撑出版文化”。

还有一点，**至少我从一个读者的角度来看，网络书店的出现也缩小了地方与中央在购书难度上的差距，这一点不容忽视**。例如，地方上书店本身很少，即使有，书的品种和数量也不多。而且，就算你在书店下了订单，书到达你手上至少要花两周的时间。随着网络书店的出现，包括新书、旧书在内，你可以在大量的书名后确认库存、价格、书的保存状态等信息然后购买，并且，收到书的时间也大幅度缩短。收到书的时间十分重要。即使你非常想读某本书，如果需要两周以上的时间才能入手，读书的热情也会荡然无存，相反，如果两三天就能拿到的话，等书的几天会让你充满期待。

我现在基本上仍然坚持在实体书店购买新书。但我还是切身感受到随着网上书店的出现，能全面检索绝版书、旧书、随后购入，这是一件意义十分重大的事。可以说，网络能让我们知遇如此数量庞大的书籍，是一场划时代的革命。从这一角度而言，从今往后实体书店和网络书店将越来越清晰地分担各自的职责，我想。因此，我们必须学会善用它们的方法。

电子词典是当下读书生活的必备工具，请你也入手一台

近年来，日本人中用电子词典的人也越来越多。

被认为是日本第一台电子图书阅读器的“索尼读书器”——“Data Discman”（DD-1）发行于1990年。现在就连智能手机都能读书，还出现了其他各种类型的读书器。虽然我现在还没怎么用上电子书，但我在查一些资料时已经使用了——比如“青空文库”[①]中福泽谕吉的《文明论的概略》是怎么说的；夏目漱石的那篇文章在什么地方等。电子书有着随时随 地都能查阅的便利性，实在是很不错的创意。

尽管如此，说到真正的“读书”，我还是觉得已经习以为常的纸

① 青空文库：日本的免费网络电子书库，收录版权已经过期或经授予版权的文学名著——译注。

质书是最好的。把它捧在手里有种亲近感，而且不太伤眼，能让人沉下心来阅读。

意大利哲学家、小说家安伯托·艾柯（Umberto Eco）和法国剧作家让-克劳德·卡里尔（Jean-Claude Carrière）的对谈集《关于行将灭绝的纸质读物》（阪急交通出版）的序文以下面这段话开始：

“这个将毁灭那个。书籍将毁灭建筑！”

这句维克多·雨果的名言，出自《巴黎圣母院》中巴黎的圣母院大教堂副教主克洛德·弗洛罗之口。不过建筑物大概不会灭亡吧，它会丧失掉变化了的文化的象征作用。“与建筑艺术相比，思想化为书，只要少量的纸张、少许的墨水、一支鹅毛笔。那么，人类智慧舍弃建筑艺术而拥护印刷术，这有什么可大惊小怪的呢？”我们并没有毁灭石头的《圣经》即大教堂，而雨果所说的“这是智慧的蚁巢”“人类各种想象力好像金色的蜜蜂，带着花蜜纷纷飞来了”，也就是说，首先是随着手写书的出现，继而印刷品书籍的出现，建筑在中世纪末叶突然变得极其零落。与建筑艺术相同，即便电子书代替了纸质书并且来势汹汹，我们也几乎没有理由将纸质书从家中扫地出门而不再读它。因此，“电子书”不会毁灭“纸质书”。

序文中还写道：“书籍是终极形式，业已形成。”

例如，吃饭时使用的勺子的形状已经得以完善，即便你想要改良也很有限。纸质的书也与之相同，没有大幅度改良的余地。

进而，序文中指出：

我们还能读到5世纪前印刷出来的文章，而电子盒带、仅仅数年前使用的*CD-ROM*等已经既无法读也无法看。当然，如果在你家的地下仓库里还收藏着老式电脑的话则另当别论。

这就是说，**尽管硬盘的大幅度进化导致新的储存媒介不断出现，但令人意外的是，越是新的东西丧失其功效的速度越快。与新媒介相比，书籍有着不会过时的强大之处，**我对这一观点当然深表赞同。不过，话再说回来，电子书今后无疑将得到更大发展。数以千计、万计的书籍收录在一台读书器中，这不得不说具有颠覆性的意义。

最终，电子词典等工具得以普及，它们都是具有很高利用价值的工具。现在，电子词典也成了我生活中的必需品，已经到了不用它生活就会觉得不方便的程度。

我用的是卡西欧生产的“EX-word”，一台电子词典中收录了《日语大词典》《广辞苑》《大辞泉》《大英百科辞典》《An Encyclopedic Supplement To The Dictionary For The General Reader》等。

这台电子词典还具备链接功能，例如，想要详细了解在《国语辞典》中已经查到的词，可以链接到《日本历史大事典》，再进一步链接到《大英百科辞典》，一个接一个链接下去，从而一口气将关联知识一网打尽。从这一意义上而言，**可以说电子词典在用于查资料方面具有压倒性优势。如果要学习查找资料的基本技能，初中一年级的学生还是使用纸质的词典为好。但是，到了真正开始使用词典的阶段，电子词典的效率不是纸质词典可以同日而语的。**

我为家人每人配备了一台电子词典用于学习。大家在看电视新闻时遇见不清楚的概念也会立刻查电子词典。例如，电视新闻中报道“埃及革命”时，家人便从电子词典中检索“埃及”一词，详细了解与埃及相关的各种信息。当然，通过智能手机上网检索也能获得大量信息，但是网络上发布的信息水准参差不齐，被错误信息误导的概率很大。与互联网相比，电子词典上的信息具有社会公认的准确性，信用度很高。基于上述的理由，我越来越切身体会到，时至可称为“一亿大检索时代”的当今时代，电子媒体具有强大的能量。**只是，我们不能忘记，“检索”与“读书”在本质上是两种完全不同的行为。**

读书是塑造自己的行为，它与自我成长有关，与此相对，检索只是在自己的外部接触信息。塑造自己这一工作，对我而言，就是读书，书正可比喻为人生的食粮。因此，我觉得还是纸质的书好，容易亲近。

分别使用电子书与纸质书，已经成为时代趋势

电子书还远处在发展阶段。眼下虽然能在网上在线检索，但还不具备写入功能，缺少读书的实感，今后必将得到进一步完善。而且，如果储存媒介变得更加稳定、价格更为合理的话，说不定某天电子书的市场占有率一下子突飞猛进。也许到了那一天，过去老担心存放空间有限而不太买书的人，也会开始买电子书来阅读。手掌大小的一台机器能装下一万册可称之为人类财产的书的话，还有什么比这个玩意儿更加方便的呢？

经常听人说，“纸质书里有作者的灵魂，正因为有编排他们的编辑的存在，才诞生出适合于不断被人阅读的书籍，它们才能作为文化得以成立。电子书将这一切都毁灭了”。然而，**我坚信在普及电子书的过程中，出版文化必将进行下去，与此同时，我还是要不断高声谈论维护读书文化的重要性。**

我并没有那么畏惧纸质书和电子书的对立，我认为更大的问题恰恰在于它与智能手机中其他软件的竞争。几乎所有人，只要一把弄手机，立刻就会被视频、游戏等吸引住。那些软件不愧是凝聚了世界级的专业人士的才智、经过激烈的竞争被开发出来的产品，只要一玩上

便欲罢不能。玩游戏上瘾之所以成为社会问题，也不得不说有它的必然性，因为制作得实在太让人上瘾了。

另外，电子书与SNS的竞争应该也十分激烈吧。很多人只要稍有空闲就会和朋友发起聊天，有时不知不觉中一天就过去了。如果到了大家都这么做的那一天，也就不用担心纸质书的前途了，因为所有的文化都将面临凋零的危险。

我想，人类总有一天会掌握根据不同情况来分别使用电子书和纸质书的技能。例如，正如我前面提到的那样，因为电子书比较方便，可以使用词典类的电子书，而想好好阅读的书、想牢牢掌握知识的书，那就请在书店购买纸质书。为了让书变成有价值的“我的书”，你需要在书上画线、做记号、贴便签，所以，不是纸质书没有意义。将“我的书”放在房间里、带在身上，让它时刻待在你的身边，这样就能充实你的知识体力，这种意识十分重要。犹如武士不忘佩刀那样，请不要忘记总是将书带在身上。

电子书有一个特征就是“能用纸质书的三分之二的速度来读完”，很多人都这么说。甚至阅读新出的畅销书也比阅读普通书的速度来得快，这个现象很有意思。哪怕读纸质书读得很仔细的人，一遇到电子媒介的画面，就会变得泛泛而读。这也就意味着**电子书读后给人留下的印象比较淡薄，只能说这种读书法很流于表面**。如此状况，就好比好不容易做好的美味佳肴，不经过细嚼慢咽而直接从喉咙口溜到肚子里去了那样，实在对不起所花出去的时间。这种方式适合于读取“信息”，而不利于吸收知识修养。从这一点上来说，我们已经进入需要根据不同种类的书来选择媒介物的时代了。

让读书促进自我成长，纸质书不可或缺

读书，在某种意义上是限制自己行动的行为。如果你真想通过读书来吸收什么，你就会全身心地投入到读书这一行为中去，自然没有精力去关注周围的其他事情。

从这一角度说，购书可以说是限制自己自由的行为。“既然已经买了，只有读完它”——从你自我限制的那一刻起，自己的读书热情也就被激发起来了。与此相反，互联网是不受任何限制的世界。一天24小时，无论何时何地，几乎在任何场合下你都能免费获得信息。有人说：“你要知识的话，在网上随时可以获得，足够你用的。”的确，甚至美国一流大学里的课程都能在网上看到，一流学者的论文也随时可以读到。想要学习的话，就像行驶在高速公路上的车辆那样，世界上的任何信息都能入手。

然而，事实上，大多数人在网络上做的事几乎都和吸收知识无

关，正如我前面所说的那样，这是因为没有任何限制的缘故。随时都能上网查到信息，反倒没了想去真正追问所以然的欲望……即缺乏紧迫感。而且，网络上的信息，只是大量文字的集结。从画面上看似乎分了页，但只要不打印出来，就连书页的实感都没有，只有100多册的图书信息挤满画面的感觉。在这样的状态下，怎么都无法产生认真读一读它们的心情。

读纸质书时，事实上在第一页、第二页……不断向后翻动的过程中，人的激情会变得愈发高涨。并且，当你将书拿在手中时，才有了200页一本书的真实感觉，才会以最后一页为目标，产生读到底的欲望。相反，信息在互联网上以罗列的形式出现，而且不需要花钱，结果很难让人产生真想去读它的冲动。

因此，我认为，如果真的想通过读书让自己成长，读纸质书是最适合你的方法。

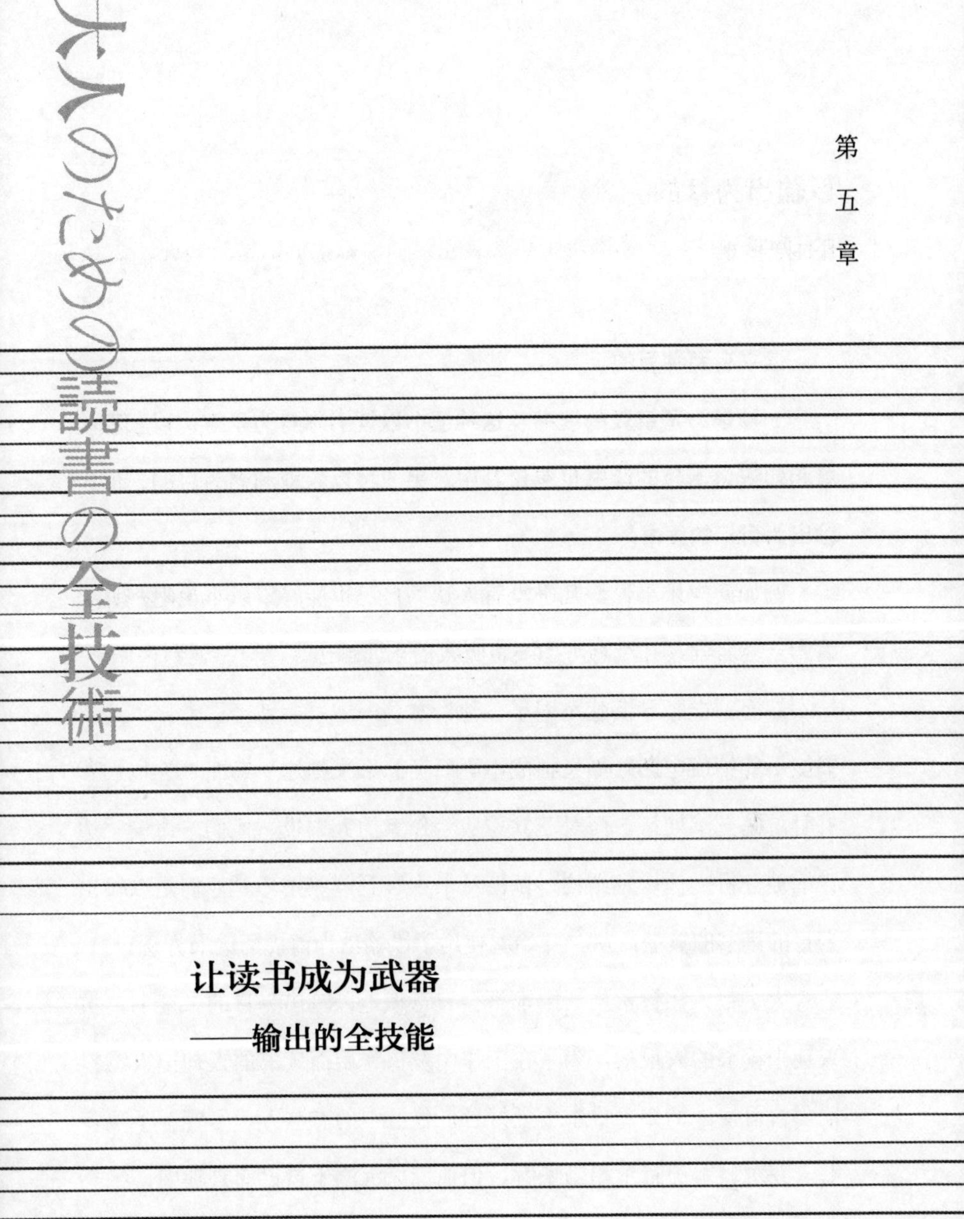

第五章

让读书成为武器

——输出的全技能

以输出为目的的读书

读书有两种目的。

一种是为了享受的读书。这种读书以读书本身为乐趣，以获取信息和知识为乐趣的读书也包含其中。另一种以获取利器为目的，即以输出为目标的读书。

例如读娱乐小说，几乎没有人认为自己也能写娱乐小说吧，只是因为乐趣而读，并没有考虑要将吸收的东西输出。

然而，电影导演就不同了。他们拿到一本书后就会思考：“这本书能不能拍成电影？如果拍成电影的话怎么来拍这一场面？”他们读书时总是充满期待。而对于立志成为作家的人来说，他们一边读一边详细地分析文体以及结构，试图从书中学到一些技巧。他们是以输出为目的读书的典型，从一开始就使用了以输出为前提的读书方法。

大多数人在日常生活中都不会有意识地以输出为目的来读书。按兴趣来读书的人很多，为了在工作中发挥作用而读书的人却出人意料地少得可怜。例如，日本史爱好者，他们中的有些人，尽管读了很多书，并对日本史有了相当了解，但他们只沉溺于自己的兴趣中，绝不会将好不容易积累起来的知识用于兴趣之外的事情上。再如，有些人非常喜欢电影，读了很多有关电影的书，但完全不会将从书中获得的知识加以应用。也就是说，读书只是为了兴趣、仅仅停留在“输入”阶段的人数非常多。

当然，他们自己很享受，这完全无可厚非，这也是读书的乐趣。但是，就这样将自己封闭在读书的世界里，我想未免太可惜了。书中充满了人类积累起来的形形色色的知识，既有教导我们如何与人相处的书，也有促使我们不断进步的书。还有一些与工作直接有关，利用价值很高、充满实际应用智慧的书。读了那么些书，不对学到的东西加以活用又待如何呢？既然选择了读书，那就应该将收获的知识广泛地活用于自己的人生，即你应该掌握以输出为目的的读书。

养成将读书带入话题的习惯

我认为，在日常生活以及工作中，你应该在一定程度上有意识地去思考：“对自己而言应该输出什么？”“它与读书有什么关联？”这样做的话，“输出能力”会自然而然地得到提升。

那么，**“输出能力”又是什么？它是一种表达能力，说白了它和“交际能力”几乎如出一辙**。现代社会中，交际能力绝对不可或缺。无论是日常生活中还是在工作上，只有在与人的交际中它才能够成立。尤其是工作，它几乎建立在人与人交际的基础上。如果缺少与人的交际，无论多么出色的企划都难以取得成功。

我想，**你应该了解和意识到这种交际能力与读书的密切关系，将它们联系起来的方法之一就是“养成将读书带入话题的习惯”**。有的人就很善于将书中学到的东西放到和别人的谈话中去——“哦，我想起来了，××书里是这么说的”“××人这么写过”。这样做，能让人觉得“这个人读了不少书，爱学习”，交际的格调又上了一个台阶。

此时，如果刻意卖弄知识的话只能收到相反的效果。你要做到不让人讨厌。例如，你可以顺着话题自然而不做作地展开：“实际上……”“啊，提起这个……”这种做法貌似很难，其实是日本人惯用的手法。

例如，司马辽太郎先生的作品中描写了众多战国时代的武将和幕府、明治时代的人物，昭和、平成时代的日本人十分喜爱他的作品，以此作为自立奋发的动力，并将自己的感动告诉他人，鼓励他人。司马辽太郎先生的《龙马行》《国盗物语》《坂上云》等代表作，写的都是战国时代和幕府、明治时代的故事，和现代社会没有直接关系。但是他考虑的是，现代社会的日本人需要这种精神，因此他描写了坂本龙马、秋山真之等人的生活方式。众多读者从无论是距离还是时间上都十分遥远的故事中，读取司马辽太郎先生的思想，互相交流——

“哦，原来是这样！那个时代的人是这么做的啊。虽说时代不同了，现在也有相似的地方吧。”就这样，大家通过诸如此类的交流来加深彼此的联系。

人际关系因此得到改善，工作上的合作也变得更加顺畅。假设在工作现场，闲聊时有人这么说：“现在有一本这样的书，可以帮我们改善经营状况。”他一定会受到上司的表扬：“你看，他总是边读书边考虑工作。”这件事会让人得到工作上的信任。

所谓的“将读书带入话题”就是这么做的，请你务必养成这样的习惯。

通过不断读书，掌握“发言能力”

读书还有一个好处，就是能让人说话变得清晰、流畅。

当然普通的公司职员说话没有必要像主持人那么流畅，不过，如果说话结结巴巴，就会让人难以理解、有损形象，与人的沟通就无法顺利进行。因此，我们需要经过自己的头脑缜密思考后来发言。这就是“发言能力”。

例如经营活动，从本质上而言就是建立与人的信赖关系。最一

般的过程就是，从杂谈开始，加深人际关系，让对方信任自己，在此基础上引导对方购买自己的产品。即便去百货公司买衣服，如果柜台售货员会像自己家里人那样给你出主意，而不是一味地推销，提的建议很切合实际，那样的话，你对售货员的印象一下子就会好起来。当你第二次又去百货公司时，售货员还记得你的名字，并主动招呼你："上次承蒙光临，万分感谢！"遇到这样的售货员，你一定会信任他，还会去他那儿买衣服。

对于消费者来说，在各种商品中进行选择时，最终取决于与人的信赖关系，这对于消费者来说是理所当然的，尤其在购买诸如房产这样的高额商品时更是如此。无论公寓还是别墅，由于消费者不是专业人士，无法判断是不是物有所值。此时，尽管不能说彻底信任，至少他们会相信感觉上亲近的人的言辞而买下。概而言之，**经营活动和与买方建立信赖关系有关，其第一步便是说话方式。抓住重点，通俗易懂、清晰流畅地进行解释、说明，这才是关键。**

话说回来，日本人也许是因为性格内敛的缘故，似乎很多人不擅长发言。我经常见到有些人，希望他做个简短的发言，费了半天劲却说不到点子上。

时代已经发生了变化，现在，如果你在会议上不擅长恰如其分地发言，就有可能会被人认为缺乏能力。在会议这种场合中，哪怕有些难度，你也必须具备这种能力，即言辞清晰地发言、让事态得以改善。

无论是一两句还是一大段发言，你必须准确地表达自己的感受和想法。如果你在那种场合不擅长发言，那么，也许你就会受到极低的评价——“他没有能力，什么都没搞明白。”又如面试的场合，你与几个接受面试的人一起被提问同一个问题，你的回答决定了你是否会被录用。无论你有多么出色的才能，如果不善于准确表达的话，你就进入不了下一轮面试。**说得极端一点，发言能力有时决定一个人的命运**。为此，你必须提升自己的发言能力。

欧美人给人的感觉是，当被要求发言时，他们似乎有着很强烈的意识，力求说出和别人不同的、纯属自己的观点。与此相反，日本人则看上去想尽量避免与众不同，选择最安全的言辞来应付。欧美人接受的教育是，人云亦云是没有个性的表现，是很羞耻的事情。但日本的教育正好相反，与人说不同的话而突出自己是可耻的。日本人尽量回避发言的性格，也许是这样的教育造成的。时至全球化深入、国际竞争变得愈发激烈的今天，日本人是否也应该抛弃这种性格，需要有意识地将自己的见地、自己的优势表达出来呢？

那么，应该怎么来培养自己的发言能力呢？那就是读书。**读书，能让文章的结构进入大脑，提高发言的建构能力。进而，随着知识修养的增加，你就能自如地操控丰富的言辞，提升发言能力**。

前面我反复建议过，读书时要假设“将现在所读的内容明天介绍给某某人听”。在这样的意识下来读书，不但能培养“输入”能力，也能培养“输出”能力，最终，你的发言就能变得十分清晰和流畅。

组合“发言能力”与“发问能力”，深化谈话内容

我们在每天的日常生活中需要与人交谈，而这样的交谈都是在无意识中进行的。不过，你必须留意，虽说是无意识的，彼此还是在观察对方的能力。比方说，对方老是提一些无聊的问题，你还想见他第二次吗？你的内心大概会想“和这个人交往是浪费时间”，你一定会尽量找借口避开他。同样，对方也在犀利地观察你。如果你总是说些无意义的话，对方没准会认为你没水平。如果出现了这样的状况，那么无论你有多么出类拔萃的才能，或者你打算提出多么了不起的创意，但你已经丧失了发挥才能的机会。

为此，你需要培养我在前面叙述过的“发言能力”，外加“发问能力”，这也是一种很重要的能力。

提到历史上发问的名人，一定会有人举出苏格拉底的名字。他通过发问让对方思考，帮助别人挖掘储备的知识、发现真理，这一被公认为“产婆术”的方法启发了很多人。例如他向人请教“什么是道

德”“什么是真理”，让别人认识到自以为知道其实并不知道的问题，从而思考什么才是真理。苏格拉底的个案其实意味着，**发问有着深化谈话内容的力量。**

谈话本来就不可能是单方面的行为，它需要通过双方的语言碰撞渐次深化。无论你有多强的发言能力，如果只是你自己一味地言谈，则根本无法让对方接受你的观点。你应该做的是，通过“发问”这一积极的行为来给对方以动力，从而加深彼此的沟通。

发问包括用于探索话题的发问和用于深化话题的发问，如果能很好地分别使用这两种发问方式的话，谈话一定会变得很有趣味。

与初次见面的人谈话，大多是从闲聊开始的，比如从探索话题的发问开始，例：“您休息天是怎么过的？”对方回答：“打网球。”随后，顺着对方的回答接着发问。

就这样，在获得对方信息的同时，进一步挖掘下面谈话的内容。

不过，需要留意的是，发问不能仅仅停留在为了发问而发问（即“抽象的”且“可有可无”的发问）的层面上。如果你这么做的话，对方马上会对彼此的谈话失去兴趣。这种发问能力以及前面提到的发言能力，是在当下社会上生存十分重要的能力。

生意场上尤其需要具备这样的技能，即以10秒到15秒的短暂时间来提案、观察对方反应、再次提案的能力。为此，你必须培养这种将发言能力和发问能力进行组合使用的能力。

用不断读书的方法，提升“发问能力”

在会议上仅仅认真倾听无法抓住本质。因为只是倾听，无法整理进入耳朵的信息。因此，当主持人问道：“还有问题吗？”你脑海里不会产生任何问题，大多数人是在被问到时才开始考虑如何发问。如此一来，你在会场上不可能进行具有说服力的发言。为此，我建议你养成边倾听边记笔记的习惯。

一边听人说话，一边考虑自己要说些什么、问些什么，记录下关键词。重复这样的行为，你的“发问能力”必将得到提高。当你的能力提高后，一旦被问道“你是怎么考虑的”时候你就能立刻回答上来。这真是太好不过了。你因此能吸引参加会议的人的注意力，他们开始用心听你的发言了。这种能力并不局限于参加会议。例如，在从事销售活动时，你适时的发问会一下子抓住对方，从而使对话顺利进行。

说到做好笔记，你必须擅长读活字体，这时，需要发挥你读书习惯的力量。**通过读书而习惯了活字体，你就不会对做笔记感到痛苦了。因为你已经完成了读文字、理解、概括内容的基础训练。**

说一句题外话，众所周知，唯一一位4次入选“欧洲足联年度最佳阵容”主教练的穆里尼奥，他在赛场上自始至终坚持做笔记。他按照自己的笔记，利用中场休息时间指导队员。也就是说，他在前半场结束时已经观察好了对手的战术，在对下半场应该怎么踢球发出指示时，用上了在上半场记下来的笔记。

穆里尼奥作为球员没能成名。他去里斯本科技大学学习体育科学，之后从体育教师开始了职业生涯，最终成为著名球队的主教练。他说自己带领球队的诀窍是从法国哲学家埃德加·莫兰在著作中提出的“复杂性理论”中学到的。**他时常在读书和学习中做笔记。这一切养成了他的判断力，使他成长为一个举世瞩目的、有着最高地位的主教练。**

“闲聊能力”大多源自书籍，让遣词造句充满智慧

谋求与人无障碍沟通，第一印象十分重要。

为了给人留下不错的第一印象，提高自己的知识修养是关键。不过，在此我还要告诉你，千万不能忽视如何与人进行高水平闲聊这件事。

与人沟通，一开始便进入正题的概率其实很小，首先要做的就是闲聊，目的在于拉近彼此间的距离。这种闲聊其实比我们想象的还

重要，此时给人的印象直接影响到之后的进展。例如，你和来推销商品的人闲聊时，有没有产生过“这人有点危险”的感觉？面对不会闲聊、一见面便急着介绍商品的人，你有没有觉得“这人心胸狭隘”“好像在强行推销”？

这是因为，在很多人的潜意识里，觉得闲聊水平低或不会闲聊的人一般缺乏社会认可度，我们本能地避免与这种人交往，甚至有人一开始会担心：“这人会不会犯罪？”“是不是跟踪狂？”有时可能不那么极端，但也会给人留下不好的印象，如“这人的想法很偏激”“很自说自话”“不会和人聊天”等，这种人实际上多得超乎想象。所以，我们在与人沟通时，必须从闲聊开始，让对方安下心来，获取信任。

即便如此，我们还是会经常找不到话题，只能缄口沉默，或者说一些多余的话，也许这是由于太想说有用的话而造成的紧张感，所以，你必须首先丢掉这种想法。

关于闲聊，我出过一本书——《超级聊天术——三十秒进入无障碍交谈的规则》（钻石出版社）（日语书名：《雑談力が上がる話し方一30秒でうちとける会話のルール》——译注）。我在书中谈到：**闲聊，就是利用谈话营造谈话氛围的技能，较之谈话，它更是和“人与人之间的交往”十分相近的沟通手段。**

我的认识具体包括以下几方面：

①闲聊中“没有意义”恰是其意义。

②闲聊由“寒暄+若干相关内容”组成。

③闲聊不需要“结论”。

④闲聊能随时结束。

⑤只要加强练习谁都可以做好。

概言之，闲聊这件事本身并不难做，只是需要你有比较多的谈资，因为闲聊要求你根据对象的兴趣以及当时的状态来选择适当的话题。“那好，我每天在网上吸收一些最新的信息”——有人信誓旦旦地表示，但是，这并不能使你的闲聊变得更加智慧。反倒是这种人的谈话方式让人不敢恭维，让人怀疑他一年也读不了一本书。他们滥用外来语，语焉不详，说的尽是一些道听途说的话题，除了自得其乐外，完全无法引起对方的兴趣……这种人不在少数。说得严厉一点，就是他们的谈话方式缺少智慧。这种人很爱自说自话，干推销都很困难。

我们需要做的是：认真倾听别人说话，变成一个心胸开阔的人，将上述两点通过你的表情和语汇表现出来，并且选择合乎时宜的话题。

要做到这些，读书非常重要。

通过多读书，掌握充满智慧的遣词造句，不断增加新的谈资，你的“闲聊能力”也就自然提高了。例如，当你读了50本书后，你会发现自己无知的谈话方式突然消失了。再则，当你有了丰富的知识，你对他人怀有的恶意也不复存在。你会觉得，欺负人本身就是很愚蠢的事，你成为了一个会和对方换位思考的人。

你一定要坚持这么做，确立如此有益的生活方式。

阅读作者倾注心血的著作，培养“举一反三”的能力

最近经常听人感叹：“很多人不能很好地理解别人说的话。”

事实上，由于理解力欠缺的人在增加，很多人都有过为此生气的经历——“我刚才不是说了吗？为什么不照我说的去做？”“我刚才说的不是这个意思……”当然，**也有人十分擅长“举一反三”，这样的人往往会得到很高的评价——“他能力很强！”**

“举一反三”这一成语出自《论语》，是孔子的弟子子贡对孔子说的话：“回也闻一以知十，赐也闻一以知二”（颜回知道一件事而能推知十件事，而我知道一件事只能推知两件事），即赞美颜回的理解力很强。但是，这样的理解力中并不只是具备一种要素。

人要发挥理解力，首先离不开想象力（推测力）。在听说一件事后，如果缺乏想象力就无法做到去真正理解它。我们需要在理解的基础上预测后事，才能提出令对方满意的建议。即**只有发挥（想象力→理解力→预测力→提案能力等）综合能力，才能给对方留下"这人思路很清晰"的印象，获得对方的信赖。**

我再稍微说明一点。**驱动你的想象力，充分了解对方的需求，随后发挥预测能力，先人一步地结束前面的话题，发起提案："要那样的话，可以这么做""还有这种方法"等，这一过程十分重要。**这样的能力，正是现代社会要求成年人必须具备的才智之一。培养这种才智，无论干什么工作，都能将自己武装起来，成为一个职场上的胜者。

成年人应该如何让自己变得更加有才智？最有效的方法，还是读书。

写书的作者大多才华横溢，读那些作者写的书，你也会吸收到智慧。这就类似于要想更快地提高打网球的技术，就必须和技术高超的人练习。和技术好的人对练，不经意间就养成了好的节奏感。

说到这里，我想起了大学课堂上一件很有趣的事情。半学期的课程快要结束时，突然冒出来一个和我说话方式十分相像的学生。他不但重复我说的话，甚至在遇到什么事情后会说如果是斋藤老师的话一定会怎么怎么说。且不论这是好事还是坏事，从某种意义上而言，那个学生掌握了我的思考方式。

读书也一样，读书这种行为就是将作者的思考方式变成自己的思考方式。写书的人智慧层次越高，读书的过程中他所传给你的智慧层次也就越高。

当下的时代，已经不存在不需要以理解力、判断力为基础的智慧而可以干的工作了。**为了通过读书让作者的智慧变成自己的智慧，我们应该多读作者倾注了心血的著作，为提升自己的智慧层次做出努力。**

通过读书掌握关键词，用一分钟抓住对方的心

清晰、流畅的发言，关键在于如何突出重点，优先说明最重要的部分。**要想说明最重要的部分，最初的一分钟非常重要。**

这一分钟对大多数人来说是极限。假如对方态度积极，想要听你说话，这种情况另当别论。如果对方并不是特别想听，那么他能够承受的时间最多一分钟。如果你花了两分钟时间，对方便会按捺不住，注意力就会分散到别处去。换句话说，你能否在一分钟内抓住对方的心，决定了之后的交谈能否顺利进行下去。因此，你必须将要说的事情压缩在三个点上，每一个点压缩在15秒内，争取在一分钟以内将整

个事情交代清楚。

在这一短暂的时间里你要做的重要的事情是如何遣词造句，你能否吸引住对方全压在这一刻上了。而且，能不能在短时间内组织好恰当的语言，这也可以说是语言能力的问题吧。你需要将重点词汇、必要词汇即关键词从你的口中干脆利落地吐露出来。

当然，**怎么说话才能抓住对方的心，这也是因对方而异的。实际上，寻找关键词，可以说是一种推测对方潜在欲望和愿望的技能。**如果对方能很明确地表达自己的愿望，那么你只需据此来发言，这样做会相对容易一些。可是，现实中的事情并不那么乐观，对方的反应几乎总是很暧昧的——“好像也不是”“有点不对吧”等。于是，我们就需要自己来提案，将对方想说的话说出来。

例如，你问一个委托你帮他造房子的人想造成什么样子？对方的回答几乎都会是“让人住得比较安心、一家人在一起有家的感觉”等很概念化的东西。要将这些概念搬上图纸，不是专家恐怕无法做到。但是，这才是工作。

所有的工作，都是领会他人意图，将它变成有形的商品和服务，这样的社会越来越谋求能满足自己愿望的人。也正因为我们处在这样的时代，如果不能更细心入微地体察对方的意图，也就无法更好地开展工作。

也就是说，你应该学会经常问“这个怎么样？那个怎么样？”的问题，然后提出你的建议。为了适应这种时代要求，你也必须通过读书来提高表达能力。

拥有出色语言能力和思考能力的人，输出能力和输入能力也必然强大

语言能力是人进行思考时的基本能力。

人在用大脑思考某问题时，总是将内容置换成语言，如果不是那样的话，所谓的思考就是无意义的。并且，要将自己的想法传达给别人，不置换成语言，就连对话都无法成立。进而，左右每个人思维深度的，可以说就是每个人各自拥有的语言能力。语言化能力也取决于抽象化能力，抽象化能力越强的人，思维的深度也就越深。

例如，有的人常常会拿出一些不错的主意，而有的人绞尽脑汁也想不出什么好主意，这也可以理解为语言能力上的差异。有时我们会遇到语言能力很弱但很有创意的人，那是很少见的特例。**通常，能提出新颖创意的人，都是逻辑思维很强的人，有时是一些能让自己的直觉诉诸语言的人。**

相反，能不能准确领会对方说的话，也受到听话人语言能力的左右。如果听者没有接受能力，对方即便将自己的意图100％地告诉了

他，他也只能理解其中的1%或2%。无论是输出还是输入，需要的是语言能力，即**拥有出色语言能力的人，必定有着很强的输出和输入能力。**

这条定律也可以用于体育界。

我很喜欢读那篇对足球选手内田笃人[①]的访谈文章。读了对他的长篇访谈后，我深感“他想问题想得很深，所以到哪儿踢球都能成为主力”。足球的世界里，如果不具备很好的领会教练意图的能力（战术理解力），就无法得到主力队员的位置。内田选手则受到历代教练的称赞：“他的战术理解能力非常出色。”无疑，他的语言能力也一定十分强大。

棒球界也同样，例如，长岛茂雄[②]先生也有着非常惊人的语言能力，他是个逻辑性很强的人。他给人的印象似乎很感性，其实，在对他的长篇访谈录里他这样谈道：“我甚至用画画来研究三空棒的方法。”他说：“如果选择本垒打和三垒打的话，还是选择三垒打为好。”为什么这么说？他的回答是，因为三垒打比本垒打能调动更多的选手。“本垒打出的瞬间，比赛就停止了；而三垒打时，能将防守方的球员全都调动起来。球能不能及时达到三垒，取决

---

① 内田笃人：日本著名足球运动员，国家队队员，现效力于德甲联赛球队沙尔克04俱乐部——译注。

② 长岛茂雄：日本著名棒球俱乐部巨人队教练、国家队总教练，年轻时是著名棒球选手——译注。

于所有人的努力。这种球比较过瘾，所以我总是瞄准三垒打。”他考虑问题的方式其实十分富有逻辑。

长岛茂雄先生还说：“我喜欢千本打那样的防守练习。”“练习千本打，到了筋疲力尽的地步，剩下的就只有自己需要的节奏，这也可以用于击球的时候。所以，我非常彻底地练习防守。”他还说：“我三垒打时总是戴着大一号的棒球帽，它甚至会从我的头上飞走。”“我从大学时代起就开始通过分解写真研究联赛。”

长岛先生时常在思考如何让球迷懂得棒球的魅力，他进行了语言化、进而理论化的实践，很少有运动员能像他那样思考。因此，在读到长岛先生说的话时，我觉得十分有深度。

王贞治先生的击球理论也缜密得让人难以置信，这也是他通过不断努力、经过理论化后获得的成果。提到棒球理论，“ID棒球”的野村克也[①]先生也十分有名。野村先生在担任教练时，每晚对棒球选手讲授棒球理论，这是众所周知的事。他将投手的投球区域分割成9×9进行分析以及将接球手分为4种类型进行应对等内容，已经超越了棒球理论的范畴，也能从研究人、组织、领导者的角度来解读。**研究任**

① 日本著名棒球教练、评论家，年轻时是著名职业棒球选手。“ID棒球”（Important data棒球的缩写）是他担任教练期间提出的理论，即使用数据分析的科学手段来进行训练和比赛，而不是依赖选手的经验和感觉。这一理论至今在日本棒球界仍被广泛推崇——译注。

何事物，都能提高人的语言能力，同时提高思考能力。

何况，我们的工作需要比运动员更强的语言能力，因此，坚持将自己的感觉语言化的努力十分重要。

将概念置换成语言的能力，孕育“改变现状的对话”

我们在从事某项工作时，很少出现仅依靠一个人的力量来完成的情况，几乎所有的工作都需要组成团队来完成。例如，我们组成项目组，由四五个人来进行策划，这一项目结束后又开始另一个新项目。其中有的人甚至同时参加四五个项目。随着这种工作方式的增加，我们越来越需要掌握“与他人沟通的能力”。

我在大学里工作，组织了好几个合作团队以及委员会。在这些团队中工作，只要有一个人沟通能力不强，工作效率就会变得极差。团队中如果有跟不上节奏的人存在，经常就会从“刚才不是说过了吗”这句问话开始，出现一个又一个小摩擦，眼看着工作进度放慢下来。遇到这种情况时，**为了打破困境，需要用上能改变现状的对话术和奇思妙想。**

“是这样吗？”

“如果这么做的话，你看好吗？”

“这个方案，你认为怎么样？”

诸如上述的对话那样，脑子里立刻闪现各种奇思妙想是十分重要的。

例如，我们经常遇到某个老师突然生病，下学期不能来上课的情况。此时，我们不能只是说“那真是够呛啊”等诸如此类的话，应该拿出主意“那就重新找人吧”。甚至需要提出具体建议“找某某老师”。有时还要包括一个替代方案，“如果这个人不行的话，就找那个人”等。之后，便会进入下一步，“那好，我先找这个人问问，他不行的话，我再找下一位”，从而使得事态朝着解决问题的方向发展。能提出这种方案的人，也擅长提出替代方案。如果遇到最坏的情况，所有方案都不能顺利推进下去时，他也一定能找到解决问题的对策。

有一个词叫“替代方案”（BATNA：Best Alternative to a negotiated agreement），**直译的话是“谈判协议最佳替代方案”，说得通俗一点就是当谈判没有达成目标时，还有其他备选方案可供选择。**

培养这种善于创意的能力，毫无疑问能在商场上发挥作用。我也是通过读书才了解到这种新的创意能力。不过，**无论多么出色的创意能力，只是停留在创意上不会发挥任何作用。知识性的概念，必须在**

自己的脑子里进行转换，并最终使之成为改变现状的对话才会变得有意义。

努力了解外部世界，不断完善自我塑造的能力

前面谈到的“替代方案”的概念，也出现在最引人注目的“哈佛谈判术”中。

“哈佛谈判术”经过对哈佛大学法学院实际遇到的众多谈判案例的分析，研究并总结出了提升谈判成功概率的理论类型。

这种谈判术认为，通过谈判而完败对方的方法已经落后于时代，只要把握好利益、根据、替代方案、关系等7个“谈判要素”，最后达成合意的大门便会敞开，从而形成双赢的局面。

首先，谈判中最重要的是事前充分准备与对方谈判的脚本。其中有三个重点：“mission”，即谈判目标、谈判目的；“ZOPA(Zone Of Possible Agreement)”，即谈判可行区域；以及“BATNA”，即谈判协议最佳替代方案。

不错，首先需要明确的是“谈判目标”，而“可行区域”则是最大可能地组合各种条件，拓宽谈判的可选择手段。当然，这么做也要

以考虑双方的利益为前提。你可以强调对方的利益，让他注意到；你也可以调整一下双方所得的利益，从而达到建立双赢关系的目的；你还可以拿出一些可选项，给对方提供一些附加的利益。第三个“谈判协议最佳替代方案”，是为双方一旦达不成合意而准备的后备方案。有了备选方案，你就能比较安心地进行谈判，达成目标的成功概率就会上升。

我与曾经留学哈佛的国际律师射手矢好雄先生合作出版了一本名为《商场赢家都是谈判高手》（讲坛社＋α）（日语书名：《うまくいく人はいつも交渉上手》——译注）的书，我觉得这种谈判能力能丰富人生，不仅在商场上十分有用，而且也能活用于找工作、找对象、培养孩子等各种场合。将一流律师的谈判术用于日常生活是一件十分快乐的事。

要将这些新的信息转化成可为自己所用的知识，必须经常读书、了解自己以外的外部世界，这种持续不断的努力十分重要。并且，了解自己熟悉的领域之外的信息，还能增加自己的对应手段。“自己的领域是这样的，那个领域却不是”“那个领域的水平真高啊”“他们落后啦”等，这种认识能让你在自己的领域中不断进步。

例如建筑行业中，也有着很多具体的法规，不能做这、不能做那，建筑师必须在这些制约中设计建筑，如果出现错误则后患无穷。优秀的企业家们以极其严谨的态度来推进工作。再如日本铁路的准点几乎可以称作世界第一，如果读一下三户祐子的《准点发车——日本的火车为什么是世界上最准点的？》（新潮文库）（日语书名：《定刻発車ー日本の鉄道はなぜ世界で最も正確なのか？ー》——译注），就能清楚那些支撑着铁路事业的人，他们的工作态度是多么严谨，和他们相比，我们的作风又是多么得过且过啊，实际上，这种对比十分重要。正所谓人往高处走，水往低处流，我们应该学习高水平领域的管理方法，将它为我所用，这样的努力十分必要。

在坚持不懈的努力下，输入能力得以加强，与此同时，“自我塑造能力”也会得到飞跃性的提升。最终，你将成为会议上发言的高手——“我认为可以如何如何做……”“应该如何如何做……”等。

广泛读书，养成把握全局和“系统思维”的能力

读到这里的朋友们应该已经为接受“系统思维”的概念做好了准备。

系统思维，指的是将整体的影响关系视为一个体系来把握，打破思维的壁障，发现更本质的问题，以期获得解决问题的能力。

这是由麻省理工大学经营学研究生院高级教师彼得·圣吉（Peter M.Senge）在他所写的《第五项修炼：学习型组织的艺术与实践》[①]（英治出版）中提出的新概念。简单地说，就是遇到应该解决的问题时，思维不能停留在部分性、短期性解决问题的方法上，而是要以中长期的眼光深入思考尚未表面化的问题，接近问题本质，拿出根本性的解决方法。

这一思考方式本身非常有意思，我想说的是，这里所说的“系统思维”的方式（全局观）对于读书来说也是非常重要的。也就是说，**读书时你不能只读自己喜欢的种类、擅长的种类，需要通过阅读各种领域的书籍来养成整体把握事物的能力，这一点很重要。**

换言之，我建议你读各种类型的书，由此来拓宽自身的知识结构，从而掌握解决各种问题的方法。知识结构越全面，越能找到解决问题的方法——“哦，原来有这样的办法”“还有那样的办法”。进而，当你认清了整个事态，也就能预测接下去的行动了，因此，这与养成“预测未来的能力”也联系在一起。为了不断提升这样的能力，请你务必读书。

---

① 中译本：张成林译，中信出版社，2009年——译注。

从书本上学习新概念，使其发挥新作用

例如，**有个词叫“促进者”（facilitator），也有会议主持人的意思，即为了达成开会目的而调动参会人员积极参与其中的人。**在日本，该词也是因前面介绍的《第五项修炼：学习型组织的艺术与实务》（英治出版）一书而变得广为人知。

说到会议主持人，完全用不着特意用一个外来词汇，直接说“主持人”不就行了吗？事实上，事情并非那么简单。“促进者”发挥的作用是，为了促成会议整体形成有活力的氛围，在充分理解会议内容的基础上，不断提出接下去的议案。因此，“促进者”如果仅仅按部就班地按照会议定下来的程序主持会议，那就意味着失职。

“促进者”并不需要自己进行提案，但他必须掌握会议时间，而且要明确设置会议的目标。在此基础上，他还要为促成会议上的充分讨论而做各种准备工作，如使用板书、准备会议主持词等。**“促进者”的存在，能使会议的质量发生巨大变化，所以，是否了解这一概念和词汇是非常重要的。**如果你读过与“促进者”这一概念相关的书籍，知道个大概，也许贵公司那种不得要领、只是在浪费时间的会议会因你而焕然一新，公司对你的评价也会大大提升，因为你从书中学到的新概念，改变了陈旧的会议方式。

另外，最近“咨询”（counseling）这一概念也在企业中被广泛使用。越来越多的人认为，上司应该拿出为员工排忧的态度来倾听员工的声音。当然，现在也还没有到十分普及的程度，大概30年前我还在上大学时的情况更是完全不同。当时，大学和企业里也都有心理咨询师，但没有谁认为应该进行心理健康辅导。

从这一角度来考虑的话，过了10年、20年，也许社会对“促进者”的重视程度远超今天的可能性很大。也就是说，虽然人们现在还太不了解“促进者”这个概念，但一旦了解了，有意识地行动起来后，你在团队内部的存在感也就会大幅度提高。

综上所述，**吸收新的概念，这是读书的一个非常重要的功能。比这个更重要的是，将通过读书掌握的概念转换成你的动能，运用到现实工作中去。**

依靠读书吸收和活用新概念，
提高自己的创造力

企业极其重视“品牌”，很多企业为了宣传自己的品牌而煞费苦心。

现代社会中，怎样塑造一个品牌是企业能否生存下去的关键。

企业中有大量从事品牌管理的人存在。我和日本品牌管理第一人的佐藤可士和先生共同执笔，出版了一本名为《佐藤可士和我的创意新规则》[①]（筑摩书房）（日语书名：《佐藤可士和の新しいルールづくり》——译注）的书。听了佐藤先生的言论，我切身感受到他从事的品牌管理工作不愧为现代社会的象征。

佐藤先生负责优衣库（UNIQLO）、TSUTAYA等公司的品牌管理，他提到“7-Eleven便利店”的例子非常有意思。佐藤先生统一了“7-Eleven便利店”之前零散的商标，并新开发出各种自主商品。他说，在刚开发出“7-Eleven便利店”的自主品牌（七一生活方式[②]）雨伞的那段时间，出现了不是下雨天也十分抢手的现象。该雨伞的设计非常时尚，甚至打开伞的角度都很讲究。除此之外，还有圆珠笔、不锈钢杯、指甲钳等，它们有着总体的设计感，极其雅致，形成了风格统一的商品，从而提高了品牌的竞争力。

我从和佐藤先生一样站在时代前沿的人的口中，不断听到过去闻所未闻的新鲜语汇。例如，在我们的对话中我听说了“咻~的感觉很重要”这句话。“咻~”本来指的是在做烤肉或牛排时的某一瞬间听到的那一声最诱人的声音，而在广告界，则指刺激消费者感官而激

---

① 中译本：胡静译，企业管理出版社，2015年——译注。

② 日文名为：セブンライフスタイル——译注。

发他们购买欲的手法，或直接指购买欲。**我还听说了“格风”**[1]**这个词**，它是“格调与风格”的缩略语，指的是在广告设计上必须保持风格和格调的一贯性。也就是说，广告风格在最后的完成阶段往往会发生很大变化，因此统一格风十分重要。

在这些语汇中汇聚着新的思想和概念。如果能将这些语汇和概念变成自己的东西来加以活用，就能产生自己从未有过的创意，从而进行提案。这也可以称为“概念应用能力”吧。

实际上，读书的意义并不停留在单纯吸收各种知识上，也是为了吸收新的概念。概念，与单纯的知识不同，可以活用的领域相当广泛。说得极端一些，知识是单个孤立的存在，而概念不是。例如，如果你掌握了“Branding”这个概念，那么，你就能用这个概念来看待很多问题。如进行自我包装、将公司品牌化等，可以用于各种场合。可以说，由于你掌握了新的概念，因而拓宽了自己的视野，这也意味着，概念一旦入手，用途极其广泛，输出能力也得以提升。

当然，绝不仅限于“Branding”一词，当你读了有关“Naming”的书，你就有了“Naming”的概念，你读了关于“System Thinking”“Presentation”的书，那么，你就能从这些语汇的视点来重新审视自己的工作。从这一点来看，也许可以说任何书都或多或

① 日语为“トンマナ”，是“トーン＆マナー”的缩略语——译注。

少涉及到了概念。

在读书中学会“概念变换法”，掌握改变文化的新概念

我在构思时常常会想起y=f(x)这一函数式。

函数是“表示依靠某种变量来确定值或者说对应关系的式子”。当x放入某个数字时，y的值依据f的规则而发生变化。将y=f(x)应用于各种领域时，我们能观察到很多现象。例如，运用独特的色彩画出了《向日葵》《两棵丝柏树》等作品而名闻天下的凡·高，他将所有的风景成功变换成了凡·高风格，表现了他出色的灵感，我甚至想将它称之为“凡·高变换”。有些演员也是如此，如果提到西田敏行先生的演技，也一定可以冠以“西田敏行变换”。

从这种角度来观察世界，你就能发现，实际上世界上存在着形形色色的变换法，**我将它命名为“概念变换法”。如果站在这一角度来读书的话，那么一定能取得丰硕的成果。**新书中尤其存在着很多新概念，所以我建议你学习这一“概念变换法”，**当你遇到新概念时，吸收它并使用它。**

例如，在彼得·德鲁克(Peter Ferdinand Drucker)的书中出现

了“顾客”一词，这个词汇也是一个概念。说到“顾客”，我们往往想到的只是来店里买东西的人，而德鲁克称之为“十分重要”的“顾客”并不仅仅是来店里买东西的人。他在《管理的实践》一书中提出了这样的问题：

想要弄清楚我们的事业是什么，第一步是问：“我们的顾客是谁？”谁是我们真正的顾客？谁又是我们潜在的顾客？这些顾客在哪里？他们如何购买？如何才能接触到这些顾客？

在此出现了一个全新的概念。那么，我们需要在理解德鲁克概念的基础上，将它转换成可为我所用的概念，比如，上司即顾客、学生即顾客等。这样做的话，我们的视点便发生了变化，在各种场景中创造新的顾客，这一创意法也就变成了自己的智慧。

如此说来，牛顿发现的万有引力最初也是一个概念。虽然物体下落、地球围绕太阳转的现象都可以用“引力”这一概念来解释，这是一个令人震惊的发现，但是现在这一切都成了常识，变成了物理学的基础。又如金融界有一个词“BigBang”，它原本是天文学上的用语，指的是宇宙诞生之初的“大爆炸”，但这个概念很容易理解，于是变成了金融界的用语。理科类中有很多易于作为概念来使用的语汇。例如“DNA”一词，我们经常说“本田车的身上留着创立者本田宗一郎先生的DNA”“我们不能失去日本人的DNA”等。DNA原本指组成基因的材料——“脱氧核糖核酸”，在被用于日常生活之后表现力得以拓展，成为表述“传承”这一意思的概念，为人们所广泛使用。

让读书不止步于“我懂了”，务必掌握“概念活用法”

我觉得前面讲到的“概念活用法”是让读书在现实世界中发挥作用的强大武器。因为将读书获得的知识，作为概念变换成自己的思想后，能够在知识输出时加以活用。

有一种学术理论叫“控制论”，由美国数学家诺伯特·维纳（Norbert Wiener）提出，是指在动物和机器中统一控制、通信和信息处理的理论，其中最中心的概念是“反馈”。

“反馈”一词出自理科，但迅速地被运用于各行各业，现在更是在商业经济的领域中为全世界所用，例如，企业里经常说“将消费者的声音反馈给商品开发部门”等。我们在工作中，要客观地认识到自己在所属的组织或团体中所处的位置、发挥的作用其实是比较困难的，反馈却能让人了解到较为客观的事实，包括对自己的负面评价。因此，反馈能让人从各种不同的视点观察事物，把握客观现状，进而改正不足之处。

“反馈”与日语中的“反省”有点类似，但又是不同的概念。提到“反省”会让人感到心情沉重，而“反馈”只是分析过去的行为数据，其目的是将人的行为修正为“用于达成目标的必要行动”。从这一意义上来说，“反馈”可谓是当下的行动服务于下一次行动的积极创意法，事实上，善于使用反馈的人也是善于工作的人。

我也不厌其烦地对学生谈起过“准备、变通、反馈”。我们在考虑如何干好工作时，一般来说首先是做好事前准备，然后在工作现场上灵活变通，进而在结束后认真反馈。如此这般地将新词作为概念来加以有效利用是非常重要的事。因此，你需要先整理一下词汇，看看自己是否理解了，能否圆熟地使用。例如将“Miniature”这个词用“Miniature化”的概念来重新思考，将“Reversible”一词用“Reversible化”的概念来加以考量，或者用“Box化”的概念来把握“Box”一词。

通过这种思考，你就能从与过去不同的角度来观察世界，能找到不同的表述方法。这种用“~化”来思考问题的视点就是函数的思考方式。将概念用作武器，其实不是那么困难的事，只要加以练习，每个人都能做到。换言之，**在读书上你不能满足于“我懂了”就完事了，那样是不够的。你必须始终思考如何将书中读到的东西化成自己的思想，这就是锻炼掌握“概念活用能力”的第一步。**

读书提高基本功，造就愉快的工作环境

江户时代的日本，学习上的基本功是“读、写、算”，我认为“写”是建立在“读”这一基本功上的。大量读书的人，文章也就写得快、写得言之有理，这是理所当然的事吧。在此，我要强调的重点是，“日语口语体”与“日语书面体”完全是两回事。

最近，网络上如“连我”“推特”上尽是用口语体写东西的人，如果让这些人去写一篇像样的文章，他们也一定会感到很累吧。何况写工作上的文章，当然需要用书面体。一遇到这种情况，有人便立刻手足无措了。他们不光写出来的文章语句不通，还花去了大量时间。

但是，这在社会上是绝对行不通的。

为了快速提高自己，**你必须在两方面下足功夫：学会用书面体思考、用书面体说话，为此，我在前面已经反复强调了读书后进行概括、记笔记的重要性。**

我见过很多优秀的人，其中有些人的语言能力之强，简直让人五体投地。例如，翻译能力超群的人。他能用流利的日语边读边翻译第一次读到的法语原版书，甚至能直接拿去印刷出版。我虽然能读法语书，但根本无法像他那样流畅而准确地进行翻译。

不过，人的能力可以通过锻炼来提高到一定的水准。况且，用书

面体来思考问题、用书面体来说话，诸如此类的练习并不是一件十分困难的事。只要你坚持练习，一旦真的需要你写文章时，速度也一定能大幅度提高。哪怕用电脑写企业的公文，由于脑海里有了现成的文章，你便能很迅速地完成这一工作。

现代职场中，工作一天要给人回20、30封电子邮件的事并不稀罕。在公司里担任的职位越高，要写的邮件数量也就越多，有人每天必须处理50、60、100封电子邮件。为了完成工作，你必须增加词汇量，提高将它们变成一篇篇完整文章的能力。为此，**你必须通过读书来加强阅读的训练。因为日语的书面体和口语体的词汇不同，书面体词汇压倒性地多于口语体，而且文体也不一样。**用完美的文体、并用只有书面体才有的语汇，才能写出拿给谁看都不会觉得脸红的好文章。平常的工作中，文章写得很流利的人，一定也会受到“工作效率高”的好评吧。从读到的文章中，也能大致推断出作者的知识修养。如果将不得要领的劣质文章示人，立刻就会受到与之相应的对待，你将不再被委以工作上的重任。所以，通过读书，提高自身的基本功是十分重要的，提高了基本功，自己的工作环境也会变得轻松起来。

有人说不会写文章的人中也有好人。有的人也许在不用写文章的领域里有着非凡的才能，这种人的确存在。但是，作为普通人，没有人愿意特地花时间去了解这种人。对于不熟悉的人、工作上的同事来说，谁都愿意和效率高的人合作，干性价比最高的工作。哪怕对方性格不好，但只要不给自己增加负担、工作效率出色，那就是工作上的好伙伴。这种重视性价比的思维方式，可以说是从目标进行倒推、追求效率的“回向思维”。是不是掌握了这一思维方式，从最初的一两封电子邮件上便能明白。一旦被人断定为“这人不具备从目标进行回向思维的习惯”“他是个好人，但看上去工作上比较费劲”的话，那个人就会被边缘化。当下的时代，速度也是一种善举，工作得要领、效率高的人就是好人。

一个非常善良的人，如果写不好文章、写作速度慢，那么他就不再是个好人。也许就因为文章写得差而上不了发挥自己才能的舞台。此话说得有些严厉，但这就是社会的现实，我们必须牢记这一点，用心读书。

制作设计卡，
学会完善文件格式

我想稍微谈一下写作技巧的问题。

职场上，准备一套完整的文件格式十分重要。如委托函、道歉函、企业的公文等，事先做好文件格式，只要根据不同的需要变换一些词汇就行了。

这种文件格式应该包括七个方面：

①抬头——对象是谁？

②标题——主题是什么？

③目标——要达到什么目的？

④素材——材料是什么？

⑤关键词（关键性概念）——重点概念是什么？

⑥步骤——具体怎么实施？

⑦策划（准备阶段）——如何进行准备？

我将以上的准备内容称为“设计卡”，在我考虑如何上课时也会用上它，在上述的各项中写入与目的相应的内容。

这种设计卡相当便利，无论是在策划新书时，还是在准备两小时的讲座时都能用到它，以整理自己的思绪。“啊，这个概念还有点不清楚”“必须定下题目了”“还需要归纳得紧凑一点”等，需要修改的部分会变得明确而直观。

事实上，一个企划能否取得成功，取决于是否完善了上述那些必须考虑到的各项内容，稍有懈怠，或者仅凭一时的灵感来推进，就会导致不得要领、进展不顺，难以取得期待的效果。**无论哪种企划，成功来自于清晰的思路，相反，模糊暧昧招来的大多是失败。**

不过，一开始制作设计卡时，你会困惑于不知如何做起。此时，你可以先把过去成功的案例写下来，如果是你直接参与的事，一定会写得很顺畅。也就是说，你可以试着倒过来回溯制定企划的过程，在多次回溯的过程中，必然能掌握设计卡的制作方法。

读到这里的读者一定注意到了吧，其实，这一设计卡制作方法的基础，完全在于掌握本书中谈到的所有读书技能。

读书使经验与语言能力完美结合，提升引领团队的能力

近20年，我们的职场发生了剧烈的质变，经济领域中的课题不断产生，必须处理的信息日趋庞大。在这样的背景下，工作的本质逐渐变成自己发现问题、解决问题。与此同时，工作也必须依靠团队合作来完成，团队则越来越需要能够切实解决各种问题的能力超群的领导者。每个人都已经不能停留在只被动地完成分配给自己的工作就行了的状态中。

那么，怎么做才能发挥领导力、解决各种问题呢？这取决于你过去经历过什么、在经历那些事的过程中你是怎么考虑的，即所谓的“经验值”。

团队是由很多人组成的，要将大家团结在一起，你必须具备很强的沟通能力。

在团队中，每个人都有各自的生活经历，所以，团队是每个人的经验值汇聚的地方。其中的领导者必须能够通过每个人的每一句话来推断他们的人生的经验，进而思考他们所能发挥的作用，将大家拧成一股绳，带领大家朝着一个共同目标前进。

当然，领导者更需要具备极端高度的“经验值”，而他的“经验值”的高度是通过语言表现出来的。有人很喜欢说空话，空话无法证明人的感觉和经验，只是一些空洞的辞藻。如果你老是将大话挂在嘴边，一定会招来别人的严厉批评：“你不是鹦鹉学舌吗？”“你没有通过大脑思考吧？”有人批评还算万幸，弄不好就会被贴上标签：“说穿了，就那点儿水平。”想要避免这种事情发生，重要的不是人云亦云，而是依靠自己的人生经验、通过大脑思考后来发声。

但是，自己的经验、自己的思考能力总是有限的，为了弥补这一不足，我们就必须阅读伟人们写的书。**然而，如果只是停留在读书上，哪怕读到天昏地暗，我们也只能人云亦云。因此，我们应该学会将经验与语言能力完美结合起来的阅读方法。**

现代社会被称为信息社会，而我切身感受到，其实我们并没有接触到大量的信息。不错，我们确实被太多的信息所包围，然而，即便在能够熟练使用数码机器的年轻人中，也有很多人其实对什么都只是一知半解，有为数不少的人无法用自己的语言来表达思想。那么，年轻人都在干什么呢？他们把大量时间花在了社交网络上，完全不把眼光转向除此以外的其他地方。

在社交网络上与人进行交际当然不是一件坏事。但是，那个世界中只能诞生横向的社交关系，这种关系往往停留在无休止的随意聊天上。说得不好听，这种方式犹如不会飞、不会潜水的小水鸟，只能在水塘的表面扑腾玩耍。在我的眼里，这些年轻人只是在浪费他们的意识能量，根本无法提升自己的能力和精神力量。

因此，你首先应该做的是尽量限制上网时间，确保一天中有一两个小时用来读书。

读书，是孤独的作业。可是，你是用这一孤独的时间来接触伟大作者的思想，从而提升自己的思考能力，磨炼坚韧的精神品质。将从书中吸收到的知识运用于读书，让经验与语言结合在一起，可以深化自己的精神境界，最终，你所拥有的经验值能得到飞跃性的提升。

不断进行这样的训练，不仅能丰富自己的经验，而且能使自己所了解的各种信息和知识在工作现场自然而然地发挥作用，并被大家所接受。这种能力，又可称为“现场应用能力”，具备这种能力的人能赢得别人的好评，得到职场的肯定。

磨炼这种现场应用能力的方法不外乎读书。

将经验与语言能力结合才能使自己成长，进而磨炼现场应用能力，从而获得高水平的经验值，并使之成为与人沟通时的有力武器。

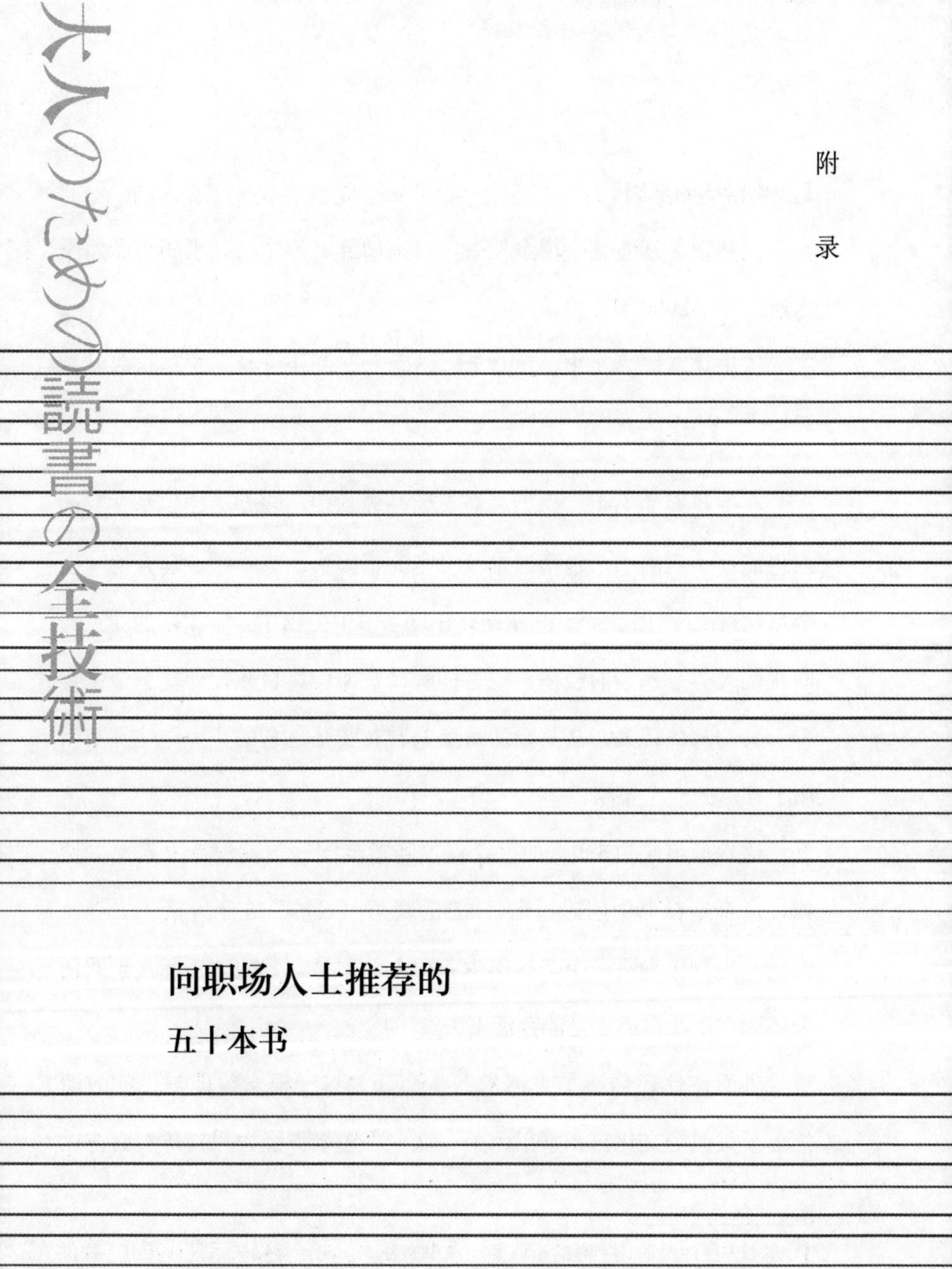

附录

向职场人士推荐的五十本书

1. 《自私的基因》

克林顿·理查德·道金斯著，日高敏隆、岸由二、羽田节子、垂水雄二译，2006年

（中译本：卢允中、张岱云、陈复加、罗小舟译，中信出版社，2012年——译注）[①]

在理科系的书中，作为社会人的一般常识，我希望哪怕学文科的人也能读一下的书，包括这本《自私的基因》。克林顿·理查德·道金斯(Clinton Richard Dawkins)在这本书中提出了一个崭新的观点，即我们人类是基因的载体。他这样解释，即使将目光投向一个个生物看上去的利他行为，从基因的角度来看其实是自利的……即这是基因用于存活的一个策略。

这本厚度超过550页的书，仅仅随意翻阅一下就很令人震撼。例如，道金斯在书中明确指出“DNA的真正‘目的’在于存活下去”。无疑，生物作为每一个个体出生和死去，但是，基因的目标在于即便个体死亡了，自己还是能存活下去。

进而，他还创造了“迷米”（meme）这一概念，即与生物的遗传因子类似的文化自我繁衍因子。这一“迷米”经由“模仿”而得以

---

① 本书中所涉及的读物有的不限于一种中文译本，由于篇幅关系只列其中一种供读者参考。没有列出中文译本的则表示译者没有找到——译注。

自我复制。“迷米”诞生于人类文化这一“汤”中，通过大脑向大脑的不断复制而传承下去，从它产生极其稀少的变异这一点来看，“迷米”发挥着与遗传因子相同的作用。

人类作为生物，与其他生物一样，也是自私的基因姑且赖以生存的载体。然而，如果要问人是否也像机器人那样是自动服从于基因程序的缺乏自主性的载体呢？回答则是否定的。本书中阐述道：“大脑，是从基因中分离的充分独立的存在，它甚至抗拒基因。”

本书超出了生物学的范围，在社会学、心理学、哲学等广泛领域中产生了影响。这也意味着，本书所提供的思考问题的方式也能在其他各个领域中加以应用。

这是一本值得一读的书。

2. 《知识的逆转》

吉成真由美采访、编著，NHK出版新书，2012年

作为近年来科学类入门书的杰作，我要推荐的是《知识的逆转》。这是一本科普作家与多位科学家的访谈录，形式也比较多见。

本书虽是一本访谈录，但访谈对象都是杰出的科学家，包括以下6人：

第一位：著有《枪炮、病菌与钢铁：人类社会的命运》[1]的生理学家贾雷德·戴蒙德（Jared Mason Diamond）。

第二位：著名语言学家诺姆·乔姆斯基（Avram Noam Chomsky）。

第三位：著有《苏醒》[2]等作品的神经病学专家奥利佛·萨克斯（Oliver Sacks）。

第四位：人工智能科学家马文·闵斯基(Marvin Lee Minsky）。

第五位：一手创造了互联网服务器的阿卡迈科技（Akamai Technologies）的创立者、数学家雷顿（F.Thomson Leighton）。

第六位：DNA双螺旋结构的发现者詹姆斯·杜威·沃森(James Dewey Watson）。

读一读作者与这些才能非凡的人的对话，我们能充分了解所谓现代科技最前沿的智慧究竟是什么。如诺姆·乔姆斯基在本书中说："搜索信息这件事的本身是没有用的。""获得诺贝尔生物学奖的人，不是只读论文的人，他们明白应该探索什么、什么才是最重要的。"可以说，他为我们指出了什么是现代社会需要的知识和能力。

本书之所以有如此高的水准，我想这完全仰仗于采访人吉成真由美女士所具有的渊博学识。不但书中的内容很精彩，而且你还可以从吉成女士的采访能力上学到很多东西，站在这一角度，同样可以说本

① 中译本：谢延光译，译林出版社，2006年——译注。

② 中译本：项龙等译，南海出版公司，2006年——译注。

书值得一读。

3. 《宇宙是由什么构成的》

村山齐著，幻冬舍新书，2010年

理科系的书中，我认为有关宇宙知识类的书是必读的，它不仅有助于培养现代人的文化素养，在“扩展人的胸襟”方面也很有价值。我们每天面对各种烦恼，只要读一下谈论宇宙的书籍，视野一下子便会打开，也就不再过于纠结于一些琐碎的事了。

这本《宇宙是由什么构成的》是用粒子物理学解开宇宙谜团的一本书。在众多的宇宙论书中，它是可以通过轻便的新书类图书来学习到实质性内容的书，因此我选中了它。

我们可以在本书中了解宇宙是怎样诞生的、我们为什么会存在等知识。例如，书中谈到了“四种基本力”——“万有引力”“电磁相互作用力”“弱相互作用力”“强相互作用力”，它们是在谈论宇宙时不能或缺的。在此，研究夸克等极其微小粒子的粒子物理学与对浩瀚宇宙的研究联系在了一起。

书中还详细介绍了从汤川理论到小林、益川理论的宇宙物理学的变迁，也就是说，你能通过本书重新温习这一出过众多日本诺贝尔物理学奖获得者的领域。

村山齐以及斯蒂芬·威廉·霍金等人的书，都很通俗易懂而且十分有意思，特此作一推荐。

4. 《了解世界的理科名著》

镰田浩毅著，文春新书，2009年

我在大学授课时，经常听学生说读理科系的书很难，我向这类学生推荐本书。

本书作者镰田浩毅老师是火山学的专家，他还是学生最想听他课的超人气教授。本书中对具有代表性的理科系的14本经典著作进行了通俗易懂的概述和讲解，如达尔文的《物种起源》、法布尔的《昆虫记》、牛顿的《自然哲学的数学原理》、爱因斯坦的《相对论》、普林尼的《博物志》等，都是响当当的名著。

尤其对文科生来说，直接读上述这些书并不是易事，因此，通过读这本书能让人大致地了解相关的理科知识——“哦，原来牛顿是这么说的”——也是十分不错的。

5.《进化过头的大脑——写给高中生的最前沿“大脑生理学”》

池谷裕二著，讲坛社bluebacks，2007年

我认为，作为职场人士，如果对大脑有一个清楚的认识一定非常

有用。本书是池谷裕二写给高中生的谈论大脑知识的书。

池谷先生的书都很通俗易懂，但又内涵深刻，如果要让我推荐一本的话，那就非本书莫属了。例如，书中谈到，**眼睛不是为了看世界才存在的，而是因为有了眼睛，世界才变得有意义，**他的诸如此类的观点都很有启发性意义。

另外，书中还谈到了光的三原色（即只要有红绿蓝三种颜色就能制造出世上的所有色彩）等问题，让我受益匪浅。

只要查一下人眼这一器官，人们就能从视网膜中发现与红绿蓝三色对应的色细胞。因此，大家惊叹道，生物十分清楚三色的原理，从而与之相对应地让视网膜变得发达起来，了不起。然而，池谷先生接着说："这件事那么值得惊叹吗？说实话，这件事本身就是理所当然的呀。光原本并不具备被分成三原色的性质。只是碰巧视网膜中存在着与三色对应的细胞，对人而言的三原色才成了红绿蓝。如果视网膜中存在着与紫外线对应的色细胞的话，那么光就不是三原色了。"

我在读到这一段文章之前，从来没有如此深入地思考过光的三原色问题。我过去一直以为三原色是带有普遍性意义的，而在这本书里我懂得了，原来它是由人体结构所产生的原理。

读池谷先生的书，不但能学习到最新的脑科学方面的知识，还能训练活用科学知识的方法和富有逻辑的思维方法，这些正是读书的妙趣所在。

6.《新生物学教科书》

池田清彦著，新潮文库，2004年

早稻田大学教授池田老师对高中的生物学教科书深感失望，于是写了这本有趣的生物学教科书。

本书从遗传、进化等基础知识，写到免疫、生态系以及心、脑的相关知识，将生物学中应该了解的知识压缩到一本书里，非常简明易懂。

我与池田老师曾经在一个介绍福泽谕吉的电视节目里进行过对谈。当谈到人的问题时，他总是将人与其他生物进行比较，而且说得很有道理。因此，我觉得掌握一些生物学的基础知识，从生物学的视点出发分析社会也是十分重要的。

其他还有MEDIAFACTORY出版的新书类图书《不劳动的蚂蚁有意义》（长谷川英祐著）也是很有意思的书。蚂蚁的研究专家将昆虫的社会与人的社会进行比较，告诉我们社会是什么、生物是什么。

7.《趣味十足、一目了然！心理学读本》

涩谷昌三著，西东社，2010年

我很喜欢读图解系列的书，因为它便于我在短时间内学习或温习想要系统了解的知识。

我认为，作为一个职场人士，应该从总体上了解心理学是怎样一门学问。这本《趣味十足、一目了然！心理学读本》在这一点上做得十分完美，所以我能心安理得地向大家推荐。

本书从心理学的基础写起，将与心理学相关的重要内容都写了进去。如人际关系的心理学、弗洛伊德和荣格等主要心理学家们的理论、大脑和精神的关系、各种心理疗法等。

这类图解系列的书，由于图案很多，很容易读懂，目录也很翔实，十分便于检索。不过，这类书中，作者有时是该领域中的权威，有时却是一些不太专业的人士，所以需要格外小心。只要留神这一点，特别是工作繁忙的职场人士，请多读一些很方便一读的书吧。

8. 《可以躺着学习的结构主义》

内田树著，文春新书，2002年

作为职场人士，对现代思想你应该有所了解。比如，你能从这本书中学到结构主义。

结构主义，有索绪尔、福柯、巴特、列维－斯特劳斯、拉康等思想家。想要通俗易懂地解释某事物，必须充分了解该事物。本书这一点做得相当好，因此对结构主义介绍得十分通俗易懂。

内田老师的书大多有深度又充满趣味。例如，他写的《街场的××》系列也十分易读，建议大家读一下。

读了内田老师的书，你一定会受到很大激励，你会开始用自己的头脑思考，去面对现实，你会变得想用思考力作武器去面对世界。

9. 《马铃薯的世界史》

伊藤章治著，中公新书，2008年

对在全球化的现代社会中工作的职场人士而言，将世界历史作为基础的知识修养来了解是十分重要的。

用独立的视点审视世界历史的书能给我们很多启发。因此，我想向你推荐的是这本中公新书出版的《马铃薯的世界史》。从各自独立的个性来谈论世界史的书并不少见，它也是其中的一本。

直截了当地说，这本书说的就是“有马铃薯真好”的故事。

从书中我们可以了解到，马铃薯长在贫瘠的土地里，营养价值却非常高，它被称为“穷人的面包”。人类迄今为止经历了无数极其艰苦的岁月，在艰苦的岁月里，正是有了马铃薯，人类才得以生存下来。

中公新书还出版了《真珠的世界史》（山田笃美著）（日语书

名：《真珠の世界史》——译注）、《毒与药的世界史》（船山信次著）（日语书名：《毒と薬の世界史》——译注）、《巧克力的世界史》（武田尚子著）（日语书名：《チョコレートの世界史》——译注）、《茶的世界史》（角山荣著）（日语书名：《茶の世界史》——译注）、《咖啡在转世界史在转》（臼井隆一著）（日语书名：《コーヒーが廻り世界史が廻る》——译注）等著作，每一本都是我想建议大家读一读的。

还有一本《世界史物品事典》（平凡社编辑、出版）（日语书名：《世界史モノ事典》——译注），书中全面整理了古今东西的"物品"的历史，简单明了地介绍了它们在世界史上发挥的作用。

10. 《重读日本历史》（全）

纲野善彦著，筑摩学艺文库，2005年

如果有人问日本史的书中，专业性强、通俗易懂又有趣的是哪一本？那么，我第一时间举出的一定是这本书。

纲野善彦先生在这部日本史的著作中加入了许多新颖的观点。原来我们所了解的日本是以农业为中心的社会，读了这本书后你会知道，实际上情况并不完全是这样，渔业也十分重要，商业也很受重视。

书中还描述了中世时代女性的生活方式，例如，令我们意想不到的是，中世的女性还外出旅游，在性观念方面也比较开放等。

进而，本书还从历史的角度阐述了文字和货币的存在对日本史产生的影响，无疑，这是一本既有广度又有深度的书。

纲野先生还写了其他如《无缘、公界、乐：日本中世的自由与和平》（平凡社）（日语书名：《無縁・公界・楽　日本中世の自由と平和》——译注）之类的大量著作。纲野先生给予历史学的影响非同一般，除了学者之外，历史小说家等也深受纲野历史观的影响。我们还能在宫崎骏导演的《幽灵公主》（日语名：《もののけ姫》——译注）等作品中看到纲野历史观的影响。

11.《常用字解》（第二版）

白川静著，平凡社，2012年

（中译本：苏冰译，九州出版社，2010年——译注）

白川静老师是汉字研究第一人。

白川老师在研究汉字时的创意非常超群。比如，将偏旁“阝”解释为神灵上下的阶梯就是白川老师的杰作。这部《常用字解》非常详细地介绍了我们平时所用的汉字是如何创造出来的。我们从中能够读到独特而又易于理解的对汉字字形、字源的解释。

如果你觉得这本书阅读起来还有些困难，那么还有一套太郎次郎

编辑部出版的《汉字字形本：跟白川静学习文字学》（伊东信夫著、金子都美绘画）（日语书名：《漢字なりたちブック　白川静文字学に学ぶ》——译注），它按照小学的年级进行编辑，每个年级都有一本。

我觉得作为日本人还是应该了解自己使用的汉字，尤其是当你了解了汉字的字形、字源后，你也就能将汉字作为一个概念来使用了。

12. 《汉字与日本人》

高岛俊男著，文春新书，2001年

如果想学习汉字的知识，我还想向大家推荐这本高岛俊男老师的书。

本书站在时至今日汉字和日语已经无法分开的视点上，对日本语究竟是什么进行了讨论。读一下日语与汉字的关系能让人受益。

13. 《一本书了解佐藤可士和［2000-2010］》

PEN编辑部编，阪急交通出版社（PENBOOKS），2010年

接下来，我要向大家推荐用以了解设计行业第一人——佐藤可士和先生工作内容的一本书。

佐藤先生是如何设计麒麟啤酒的“LAGER”和“极生”商标的？是如何设计丸内大街、国立新美术馆的？在小小的一册书中能够读到

一个一流艺术设计师的工作状况。

例如，“富士幼稚园”这一幼儿园的整体造型。佐藤先生将幼儿园建筑设计成一个面包圈，孩子们可以在屋顶上奔跑。他在幼儿园的整体结构中引入一个游乐场的概念，从而在设计上着手细化，着实了不起。他的其他设计还包括优衣库的品牌，也十分耐人寻味。

本书中收录的优衣库经营者柳井正先生与佐藤先生的对谈中，多次强调“打造本质”的重要性。柳井先生在确立了优衣库的全球化路线后，委托佐藤先生进行设计，不仅包括对具体商品的设计，还有对企业整体品牌化的设计。

柳井先生的选择完全正确，优衣库在实现全球化的进程中完成了自身的品牌化。在为优衣库工作期间，佐藤先生意识到不仅需要对优衣库进行改造，还需要重新“打造本质”，突出优势，这一思路给人提供了很多启示。

本书中还有一句话：“如果将所有的一切仅从品牌的角度来考虑，那么所有的一切没有什么不同，轿车、碳酸饮料、书籍……我们要思考的是，社会上的人如何看待你的品牌。”佐藤先生就是带着这样的思想设计出了各种商品、品牌和企业。了解这种观点、思想，不正是活跃于商场上的生意人所需要做的吗？

14. 《穷人的银行家》

穆罕默德·尤努斯著，猪熊弘子译，早川书房，1998年

（中译本：吴士宏译，生活·读书·新知三联书店，2006年——译注）

我个人非常喜欢《穷人的银行家》，作者是格莱珉银行的创立者穆罕默德·尤努斯（Muhammad Yunus）。

格莱珉银行，是一家为了帮助穷人实现个体创业而向最贫困的孟加拉人提供无担保贷款的银行。事实上，在该银行的帮助下，很多人得以创业脱贫。格莱珉银行和穆罕默德·尤努斯于2006年获得了诺贝尔和平奖。

格莱珉银行的最终目标是消灭贫困。“贫困是可以消灭的，将贫困关进博物馆！”穆罕默德·尤努斯信心十足地说道。令人钦佩的是，格莱珉银行放贷后无法回收的比例不到1%。我们总是认为，放给穷人的贷款无法收回的概率一定很高，并且为了减低这一概率，只有依靠强硬的法律手段。但是，格莱珉银行的理念正与此相反。

本书中对无法收回贷款的比例之所以低的理由进行了如此解释：“银行和贷款人之间，没有签订法律上的协议。我们是穷人的朋友，那一页纸没有意义。我们以信用为基石，在此基础上建立彼此之间的

关系。”对贷款人而言“‘credit’一词直接意味着‘信用’”——在这一理念的驱使下，他们做到了贷款未回收率低于1%。

与格莱珉银行对比，再来看一看我国，虽说我们建立了以为中小企业融资为目的的“新银行东京”，但备受诟病。很多人接受了大量贷款，但不还贷，无奈国家只能不断注资，这让人情何以堪？

因此，犹如格莱珉银行所做的那样，在人与人互信的基础上改变世界，我期待这样的行动能够成为今后世界性的模式。

15.《代表性的日本人》

内村鉴三著，铃木范久译，岩波文库，1995年

我希望职场人士读的经典作品之一，就是明治二十七年内村鉴三写的《代表性的日本人》。

这本书原是用英语写成的。同一时期，还有新渡户稻造的《武士道》、冈仓天心的《茶之书》，都是用英语写的。

本书选择了5位日本的代表性人物，在介绍他们业绩的同时，还向西方介绍了日本的文化和思想。书中介绍的5位分别是：

第一位：西乡隆盛，书中介绍他具有崇高的人格而取得人们的信赖，发动了明治维新运动。

第二位：上杉鹰山，书中写他虽说是个封建藩主，但他实施了藩

政改革，重振了米泽藩。

第三位：二宫尊德，书中将他比喻为富兰克林式的人物，强调他勤奋朴实，被称为农民中的圣人。

第四位：教育学家中江藤树。

第五位：宗教活动家日莲。

本书与《武士道》《茶之书》一样，都是为了向西方社会介绍日本人的伟大精神和文化而写的。作为生活在现代日本的我们，可以通过阅读这本书，学到过去的日本人所拥有的精神力量和文化。

当今的日本人，被认为精神脆弱、缺乏个性。这本书告诉我们，历史上的日本，出现过如此富有精神与个性的人物。而且，他们5个人只是其中的“具有代表性的日本人”。也就是说，还有更多的人，和他们5个人同样有着强大的精神和个性。

这是一部能给人带来启发的名副其实的经典著作。

16. 《劝学篇》

福泽谕吉著，伊藤正雄校注，讲谈社学术文库，2006年

（中文译本：群力译，商务印书馆，1958年——译注）

17. 《福翁自传》

福泽谕吉著、昆野和七校订，角川Sophia文库，2008年

作为职场人士绝对应该一读的经典著作，不能少了上述两本书。

福泽谕吉告诉国民学习重要性的是《劝学篇》，通过口述记录留下的自传便是《福翁自传》，我十分希望各位能将两本书放在一起来读。

前者的《劝学篇》中出现的名句是“独立自尊”，他告诉我们个人的独立、国家的独立非常重要。换言之，每一个人，必须具有肩负国家重任的气概。读到这些，我们不得不扪心自问：“自己的肩膀上扛着日本这个国家，我有没有做好准备？”

当然，我们想更多地珍惜自己的时间，想拥有自己的幸福，这种想法一点儿没错。然而，如果没有更多的人来扛起日本的重担，那么就没有了支撑日本的顶梁柱。

在过去的实业家中，很多人有这样的自觉意识。例如，索尼公司在成立时提出，公司的目的在于“为重建日本、促进文化进步而积极地开展技术性、生产性活动”。丰田、松下等企业，也始终保持了肩负日本的自觉意识。

职场人士为了自己、为了家庭而勤奋工作的确十分重要。然而，问题是你是否还拥有为了日本这个国家而工作的气概、是否能够将自己的工作与公共的利益联系起来勤奋工作？在工作上比普通人取得了更大成就的人，他们比普通人承担了更多的责任。

我们在《福翁自传》中还能学到，只有在动荡的时代里存活下来的人才会有对人生的深刻理解。处在动荡的岁月中，他独善其身，在与人保持一定距离的同时与人交际，福泽谕吉的人生非常富有趣味。他的性格有些孤傲，但很开朗，是个善良的人，我们能从这部自传中感受到福泽谕吉的人格魅力。

18. 《论语与算盘》

涩泽荣一著，角川Sophia文库，2008年

（中译本：刘唤译，哈尔滨出版社，2007年——译注）

关于这本书，前一章也稍有提及，是建立了近500个公司的涩泽荣一先生的著作，他被称为“日本资本主义之父”。涩泽的“用《论语》来干实业”的思想，都在这一本书中得到了体现。

他作为取得巨大成功的实业家，将自己的经验和思想告诉大家，职场人士读之不可能没有收获。浏览一下书中的目录，我们能看到这些字眼：“处事与信条”“立志与学问”“仁义与富贵”“算盘与权利”“实业与士道”“成败与命运”，这些不都是职场上的人所关心的话题吗？

19. 《五轮书》

宫本武藏著，镰田茂雄译注，讲谈社学术文库，1986年

《五轮书》也是一部至少应该读一遍的经典，虽说有些难。剑圣宫本武藏在本书中写下了兵法的奥秘以及人生观。

宫本武藏自己说，关于书中的每一种兵法，只要经过练习以及与敌人战斗就能逐渐领会到其中的道理，领会了道理便能以一个人的力量战胜数十个敌人。我们可以从本书中学到武藏先生富有实际体验性的对战术的理解、对身体的调动等战斗方式。

20. 《卡内基自传》

安德鲁·卡内基著，坂西志保译，中公文库，2002年

（中译本：田素雷译，人民文学出版社，2013年——译注）

本书作者安德鲁·卡内基（Andrew Carnegie）出生于穷苦的纺织手工业者家庭，他创立了美国最大的钢铁公司——卡内基钢铁公司，被称为“钢铁大王”。他还是著名的慈善活动家，创立了卡内基梅隆大学以及卡内基音乐厅。本书记录了他从一个一无所有的青年成长为钢铁大王的历程。总之，他付出了超乎常人的努力，并有着出色的行动能力。

他在工作时，只要有人休息便立刻顶替上去，而且必定拿出结果，他就是这样一步步不断地提升自己。他为什么能做到这一点，因为他做好了充分准备。例如，有一个向相同岗位发送指令的工作，哪

怕不是他自己的工作，他也会认真学习，当负责那个工作的人休息时，他便能代替那人完成工作。

我们可以从书中学到不少东西，如卡内基放眼整个职场而不是只顾自己眼前工作的宽阔视野以及不断进取的永不松懈的精神。

21.《富兰克林自传》（改版）

本杰明·富兰克林著，松本慎一、西川正身译，岩波文库，1957年

（中译本：王正林、王权译，中国青年出版社，2013年——译注）

与《卡内基自传》一样，作为励志人物传记，我觉得值得一读的还有这本书——《富兰克林自传》。

作者本杰明·富兰克林是美国独立宣言起草委员会的成员之一，被誉为“美国之父”、美国资本主义精神的创建人。他还发现了雷电现象的秘密是电。他与二宫尊德有点像，勤奋朴实、热爱阅读和学习、努力工作，最后取得了成功。

富兰克林也出身于并不富裕的家庭，全靠自己学习成才。换言之，他主要靠读书、写文章让自己得到成长。因此，他成功之后，在美国建立了大量图书馆，因为他明白，人成长的基础在于读书。

了解富兰克林的一生，从某种意义上来说也是向“优秀的美国人”学习。

说到伟人传记，不能不提到的还有爱迪生。爱迪生具有卓越的创造力和行动力，他还自己创业，从事各种经营活动。不过，现在能找到的爱迪生的传记几乎都是面向孩子的。

爱迪生传记中写得比较好的有两本书，一本是《爱迪生：创造二十世纪的男人》（Edison:Inventing the Century）（Neil Baldwin著，椿正晴译，三田出版社），这本书极其厚重。另一本书是《奇才爱迪生》（浜田和幸著，日经经济文库）（日语书名：《快人エジソン》——译注），这本书比较通俗易读。遗憾的是，两本书现在都没法买到新书，可以买旧书或从图书馆借阅。

我们既可以向爱迪生学习市场经营能力，同时还能了解发明的秘诀，进而学习他的学习方法（据说他用记忆整页纸的方法记住了全部《大英百科全书》），真是从他身上有学不完的东西。

22.《推理小说的写作手法》

日本推理作家协会编著，幻冬舍，2010年

本书介绍的是日本推理作家是如何创作推理小说的，揭示了其中的奥秘。

爱读书之人大多也爱读推理小说，事实上，畅销小说中推理小说占了很大比例。本书毫不吝啬地将推理小说家们的创作手法公之于众。类似这种介绍写作手法的书还有很多，本书由三四位一流作家各自就一个主题进行介绍，在众多同类型的书中可谓内容非常充实的一本。

例如，东野圭吾先生担任“如何进行独特构思”的写作，宫部三行（音译——译注）先生写的是“如何安排结构”，其他还如北村熏先生谈论“有关叙述者的设定问题”、北方谦三先生写了“有关文体问题”、伊坂幸太郎先生的题目是“用标题抓住读者！”等，都是很有趣味的主题。

读了这样的书，毫无疑问，你对推理小说的读法也会发生变化。你将变得越来越会读书，也一定能让你的人生变得更加丰富多彩。

你能从本书中收获的还不止以上这些。你一定还能学到一流作家在创作一流作品时所用的各种技巧和创意，并活用到各种工作中去。尤其对于从事创造性工作的人来说，这是不可多得的一本书。

23. 《练就漫画家大脑的方法》

门仓紫麻采访、文，集英社，2010年

本书可称为《推理小说的写作手法》的漫画家版，由《周刊少年

JUMP》的执笔者们告诉你有关他们工作的一切。

他们中包括已经结束连载的本宫广志[1]先生、鸟山明先生、荒木飞吕彦先生，现在正在画连载的尾田荣一郎先生、岸本齐史先生、松井优征先生等37位名家，可谓阵容强大。

这些才能非凡的人是如何创作角色的？如何创作台词、如何进行绘画的？你能读到他们一流的工作状况。

本书的内容并非教科书式的，而是让你对工作现场究竟发生了什么一目了然，从这一角度而言，你也可以将它当成一部优秀的文学作品来读。书中说《周刊少年JUNP》是漫画世界里的“MAJORLEAGUE”[2]。细想一下，这话不无道理。对于漫画家来说，世界上的顶级舞台正是《周刊少年JUNP》。你能从这本书中了解到为这本杂志工作有着多么严苛的要求，需要什么样的技术和对漫画何等的热情。

与《推理小说的写作手法》相同，从事与漫画完全没有关系的工作的人，也一定能从中获得巨大收益。例如，秋元治先生为什么能在那么长的时期里一直坚持在这个舞台上工作，这不正是中年人需要学习的吗？

总之，这是一本了解活跃在一流舞台上的漫画家们工作状态的

---

① 日语名为“宫本ひろし”，中文名以与日语读音对应的汉字译出——译注。

② MAJOR LEAGUE：美国职业棒球大联盟——译注。

书，充满趣味。

24.《对高达一代的建言——富野由悠季对谈集》I~III

富野由悠季著，KDOKAWA，2011年

本书是导演了《机动战士高达》等众多动漫名作的富野由悠季先生与各界名人的对谈集。

富野导演拥有众多狂热的粉丝，可称得上是教主式的存在，但另一方面，也有人觉得，尽是些大人疯狂追随《机动战士高达》，不是有些奇怪吗？

正是书中提到的那些人在深入思考着现代社会究竟需要什么，因此，正如这本对谈集一样，富野导演才能与那些活跃在各个领域中的人进行广泛而深入的交谈。本书中，我也有幸与富野导演进行了对谈，他谈到身体性非常重要，这一点给我留下了深刻印象。

尽管他是动漫导演，不，正因为他是动漫导演，所以他似乎对现代社会中的身体性丧失抱有强烈的危机感。他说："当只有认识的部分变得高度发达时会发生什么呢？就是身体性的丧失。我感觉到，这一认识与体感的背离，不光作用于动漫艺术，而且作用于从产业到统治的一切。就连本来必须在行为上发挥作用的政治，也被投射到认识论上了。"这是富野先生特有的深刻见地。

本书共有三卷，每一卷都很厚重，收录了为数众多的对谈，读之一定能让你获益。

25.《古埃及智慧图鉴》

芝崎美雪图、文，BASILICO出版社，2004年

为什么要推荐这本书？因为作者不但对大量的知识进行了整理，而且书中的文章全部手写，同时还附上了插图，真的十分了不起。

无论是插图还是手书文，我刚读到本书时内心被深深打动了，不由得赞叹："竟然还有这种书。"用手书形式完成一部知识量庞大的书并出版，没有比它更能让我感受到书的无限可能性了，真可谓"手书的强大力量"，我觉得这本书可称得上"奇迹"。

手捧这本书，你一定会感慨于人类的激情竟能创造如此这般的奇迹，并且能激发自己对工作的热情。另外，它在让你感知文字的力量这一点上也非同寻常。当然，书中的内容也十分出色，充实而又易懂，有关古埃及的基础性知识，只要通读一遍本书就能掌握个八九不离十。

芝崎女士还著有《古希腊智慧图鉴》（BASILICO出版社）（日语书名：《古代ギリシャがんちく図鑑》——译注）、《古代玛雅、阿兹特克不可思议大全》（日语书名：《古代マヤ・アステカ不思議

大全》——译注）、《玛雅、阿兹特克遗迹略记》（日语书名：《マヤ・アステカへっぴり紀行》——译注）（以上均为草思社出版）等著作，也全部为手书，特此推荐。

26. 《大江户节能概况》

石川英辅著，讲谈社文库，2009年

本书运用丰富的图版和数据，讲解江户时代的人在生活中是如何理性节能的。

石川英辅先生的大江户系列是由讲谈社文库出版的一套丛书，每一本都让人受益匪浅。其中包括《大江户等级概况》（日语书名：《大江戸番付事情》——译注）、《大江户工程学概况》（日语书名：《大江戸テクノロジー事情》——译注）、《大江户废物在利用概况》（日语书名：《大江戸リサイクル事情》——译注）等。不过，遗憾的是，现在几乎都买不到新书了。

石川先生依据丰富的资料，从节能、等级、工程学等角度回溯江户时代，其视点十分新颖独特，一翻开书便难以合上。书中不但能让你了解江户时代，还能让你学到如何使用数据、如何建立视点。总之，这是一本开卷有益、妙趣横生的书。

27. 《商家的家训——经营者的宏愿》

吉田实男著，清文社，2010年

这部书的价格有点贵，也许我难以向大家高声推荐。不过，它的价值却远远超过3000日元的定价，拥有非同一般的能量。

本书收录的是江户时代的商人们写的家训。提到江户时代的商人，也许你会认为那是遥远的过去与我们价值观完全不同的一群人。然而，从“家训”这一视点来看问题，我们能领会到人的生活方式的基本原则并没有什么不同。例如，那些家训中写到了勤奋工作、不向别人借钱、运气来自于每天的努力等观点，商人行为的基本原则还是没变。

另外，有关武士的家训，可以读一下讲谈社学术文库出的《武士的家训》（桑田忠亲著）（日语书名：《武士の家訓》——译注）。

28. 《卓有成效的管理者》（德鲁克管理经典第一辑）

彼得·德鲁克著，上田惇生译，钻石出版社，2006年

（中译本：许是祥译，机械工业出版社，2009年——译注）

这是经营管理思想家德鲁克写的书。

虽说德鲁克的《管理的实践》非常有名，但这本书给了我很大启发。例如，我也导入了一种方法，即开完会后立刻将笔记传给全体人

员。另外，我还知道了上司会问："我没有剥夺你的时间吧？"

书中还谈到了优秀企业家的类型，很有意思。他写道："我所了解的有成就的人，在气质、能力、行为、方法、性格、知识以及兴趣等各方面都千差万别。他们的共同点只有一个，即完成该完成的工作的能力。"

29. 《第五项修炼：学习型组织的艺术与实践》

彼得·圣吉著，《第五项修炼：学习型组织的艺术与实践》（英治出版）

（中译本：张成林译，中信出版社，2009年——译注）

这本书在前一章中已经介绍过，是谈论系统思维根本性问题的书。书中讨论得很系统，读者可以从中受到不少启发。

工作，有时我们一个人可以完成，有时需要依靠团队。尤其当你的职位很高时，工作几乎都要仰仗团队的力量来完成。此时，本书的内容能给你提供帮助。

团队开展工作时，最重要的是要使之成为学习型的团队。能够完成工作、不断得以发展的团队必定是善于学习的团队。如果你的团队没有做到这一点，你就必须采取必要的措施，例如，检讨是否存在着阻碍学习的障碍物、团队成员之间是不是没有形成共识等问题，即按照本书所说的那样找出理由，并加以修正。

我自己从本书中学到了很多，比如“学习引领者”（facilitator）存在的重要性等。

30. 《从优秀到卓越》

吉姆·柯林斯著，山冈洋一译，日经BP社，2001年

（中译本：收入《吉姆·柯林斯管理经典四部曲》共四册，陈召强，俞利军，蒋旭峰译，中信出版社，2010年——译注）

这本《从优秀到卓越》，我特别希望在企业中处于下属位置的人读一读。

吉姆·柯林斯的这套丛书共有四册。第一册《选择卓越》，选择了跨越时代而经久不衰的18家企业，阐明他们之所以长盛不衰的理由在于“基本理念”。

第二册即本书《从优秀到卓越》，调查了一些企业成长为卓越企业的飞跃发展的过程，通过定量分析，总结出成功的规律。

第三册《再造卓越》，选择了从辉煌走向衰落的企业的事例，揭示这些企业之所以走向衰落的理由。

第四册《基业长青》，在与同行业竞争对手的比较中，对在这一充满变数的时代中创造辉煌的企业进行了分析。

以上四本书，哪一本都是值得一读的好书，不过，如果要选择哪一本先读的话，我建议先读第二本。例如，本书的第三章谈到了“找谁上巴士”的问题。作者在刚开始做调查时以为，推动优秀公司迈向卓越的企业领导人，一定会先找到巴士行车的方向，然后确定战略，最后找到合适的人才。然而，事实上，杰出企业领导者的做法却是先找对人上车，要求不适合的人下车，接下来才弄清车子该往哪个方向开。换言之，较之目标，选用人才是第一位的，这才是问题的关键。但这并不局限于企业，应该说对于一个很小的团队也十分适用。

除此之外，本书中还有其他很富有启发意义的内容。例如，书中谈到系统管理比人的管理更重要、依靠剧烈改革或实施伴有剧痛感的大裁员的领导人，无一例外无法使企业获得飞跃性发展。这些视点对于不是企业家的人来说同样有用，当工作上需要建立项目团队时，一定可以活用从本书中读到的经验。

31. 《魔球：逆境中制胜的智慧》

迈克尔·刘易斯著，中山宥译，早川报告文学文库，2013年

这是一部报告文学作品，还被拍成了电影，由布拉德·皮特主演。

本书的主人公比利·比恩是美国职业棒球大联盟球队奥克兰运动家棒球队的总经理。该球队在职业棒球大联盟中资金缺乏，因此招募

不到优秀选手，比赛成绩很差。新上任的总经理，即球队经营管理者比恩认真分析研究比赛的各项数据，用有效的方法训练队员，最后将球队打造成了一支强队。

这本书有趣的地方在于，在资金缺乏的情况下，比恩用自己独特的观点分析数据信息。棒球队中，选手的评价指标长久以来保持不变，如对于击球员，主要着眼于他的击球率、本垒打、击球点等；投手主要看他的防御率、胜利数、败北数、救球数等指标。指标名列第一的选手就能获得“首位击球员”“本垒王”等称号。然而，比恩却与众不同，导入了全新的数据分析方法。例如，胜率最高的投球员是不是最优秀的？事实上，能不能赢球还取决于对手的实力和运气，因此，胜率最高的投球员未必是最出色的。比恩建立了自己独特的方法，在以往的数据中筛选出评价相对较低其实很有实力的选手，并帮助他们变得更加强大。比恩所用的方法可谓具有革命性意义，现在也已经被其他球队采用了。

虽然我们不是球队的经营管理者，但比恩所做的一切对我们有着很大的启发。如何看待数据、使用数据？仅有数据是不够的，只有用正确的视点对数据加以切实利用，才能让数据发挥作用。

本书作者迈克尔·刘易斯（Michael Lewis）还有一部作品《说谎者的扑克牌》（Liar's Poker:Rising Through the Wreckage of Wall Street）（东江一纪译，早川报告文学文库）也十分值得一读。作者本人硕士毕业后进入“投资银行帝王”的所罗门兄弟公司工作，这本书里写的是他本人在该公司工作时的经历，我们可以从中了解到华尔街为了金钱而不择手段者可怕的生存状态。

32. 《创意法》

川喜田二郎著，中公新书，1967年

虽说这是一本老书，但由于它的内容并不过时，仍然长时间地占据着畅销书排行榜。书中提出的创意法被命名为“KJ法”。因为作者的名字是“川喜田二郎”，取了他姓名的首字母①。

我年轻时读过这本书，十分受用。

书中的内容大致为介绍下面这种方法：将自己的思想火花写在卡片上，将卡片分门别类，用橡皮筋将不同类别的卡片捆在一起。具体做法请直接阅读本书。

这一“KJ法”在发表时引起了极大反响，时至今日仍然有着不朽的价值。尤其是那些从事创意企划的人务必读一下这本书，能学到基础性的创意手法。

① “川喜田二郎”的日语发音标注为罗马拼音是“KAWAKITA JIRO”——译注。

33. 《身心合一的奇迹力量》

提摩西·加尔韦著，后藤新弥译、编，日刊体育出版社，2000年

（中译本：于娟娟译，华夏出版社，2013年——译注）

这本书介绍的是运动员在比赛中依靠精神力量制胜的方法。

本书将瑜伽、禅宗的理论用于理解网球体育比赛，因此，这本书也可以让你学会用精神力量冷静地处置任何状况。简而言之，它为你提供的是如何做到身心合一的方法。

这本书经过了重新改版，旧版是作为网球的技巧书出版的。作者原以为至多只能发行到两万册，然一经面世立刻上了畅销书榜单。作者在谈到本书畅销的理由时这样说："我理解的主要原因是，众多读者没有将它限定在如何打网球的技巧书上，而是将它视为一种更具普遍意义的、可在各种领域中帮助自己'最大化地挖掘自身能力'的思考方法。"

本书提供了提高精神集中力、改善心智模式的方法，请你活用它吧。

34. 《黑心企业：压垮日本的妖怪》

今野晴贵著，文春新书，2012年

黑心企业的问题，是我们要在现代社会中谋求生存必须了解的问

题之一。

如此直截了当地用了《黑心企业：压垮日本的妖怪》为书名的本书，对“黑心企业”的状况进行了充分的调查，值得一读。

书中详尽叙述了发生在黑心企业中的各式各样的不良行为，如夸大月收入、用恶劣手段战略性逼人退职、无收入加班的违法超时工作制度等。企业的这些行为让不懂劳动法以及虽懂劳动法却无力反抗的人备受摧残。这些黑心企业的存在正是现代日本所具有的阴暗面，可称得上是压垮日本的妖怪。

那么，那些有名望的企业是否让人安心？事实上绝对不然，这才是最可怕的问题。对于上班族而言，谁都不应置身事外。

35. 《通货紧缩的真相：经济随“人口之波”而动》

藻谷浩介著，角川one主题21，2010年

2010年一出版立刻销售量超过50万部而登上热销榜的就是这本书。

用一句话来概括本书的内容：经济的波动几乎是由人口的波动决定的。换言之，关于经济存在着各种研究，其实人口才是市场景气或不景气的决定性因素。因此，书中说只要人口的少子化、高龄化还在持续，那么，想要保证经济的持续发展便十分困难。

书中提出了很多对策，其中第一条是“实现将所得从高龄富裕阶层向年轻人的转移”；第二条是“将女性就业和参与经济活动变成理所当然”；第三条是“接受外国旅行者、短期居住者，而不限于劳动人口”。经济的好坏取决于人口这一理论，它所依据的人口论经典名著中有一本马尔萨斯的《人口论》，希望各位也能读一读。

36. 《少子社会日本：另一种格差的动向》

山田昌弘著，岩波新书，2007年

在一本书里高度概括了日本社会少子化现状。它让你了解少子化是怎样形成的、为什么很严重。最重要是，书中提出了建立少子化对策便是建立消灭希望格差①的对策这一观点。

我认为现代日本面临的最大问题是少子化问题，我对如何应对这个问题深感忧虑。因此，现在让我们每一个人来了解日本存在的问题十分重要。

并且，仅从对自己的工作有用这一点来考虑的话，也请你务必读一下，它对你如何设计自己的未来也一定能发挥作用。

---

① 山田昌弘在他的另一部著作《希望格差社会》中提出的概念，即日本正在走向“对未来充满希望的人”和“对未来深感绝望的人”的两极分化的社会——译注。

37. 《约翰·克鲁伊夫论足球》

约翰·克鲁伊夫著，木崎伸也、若水大树译，二见书房，2014年

和足球有关的书大多对工作有帮助，我读了不少。

本书是由将全攻全守型足球推广到全世界的约翰·克鲁伊夫（Hendrik Johannes Cruijff）所写。这一全攻全守的战术是足球里努斯·米歇尔斯（RinusMichels）教练创立的，场上的所有队员同时担当进攻和防守任务，这种华丽的足球就是全攻全守足球。

体现了这种全攻全守足球的代表就是约翰·克鲁伊夫。作为足球运动员，克鲁伊夫是三次荣膺“欧洲足球先生”称号的超级球星；作为教练，他率领阿贾克斯、巴塞罗那等俱乐部队获得了众多荣誉。

克鲁伊夫称得上欧洲足球史上不可多得的人物，能够从中学到他的足球哲学，就是本书的价值所在。除本书之外，还有两本论述克鲁伊夫足球的书值得一读：《约翰·克鲁伊夫：辉煌的胜利》（Frits Barend、Henkvan Dorp著，金子达仁监译，二见书房）、《约翰·克鲁伊夫：场面改变足球》（Miguel Angel Santos著、松冈义行译，中公文库），后者已经买不到新书了。

38. 《何塞·穆里尼奥》

路易斯·罗兰斯、何塞·穆里尼奥著，西冈明彦日本版本监制、

西竹彻译，讲坛社，2006

在前一章中我已经谈到穆里尼奥是世界上最伟大的教练之一。他的伟大在于，率领葡萄牙、英格兰、意大利、西班牙等不同国家（即足球文化迥异）的众多俱乐部取得了各种非凡的成就。

带出常胜球队的领导者是什么样的人？如何建立战术、如何在实战中进行修正？进而，如何提高球员的积极性？我们从穆里尼奥的身上能学到很多东西。

有关穆里尼奥的书还有很多，如《穆里尼奥的风格：带来胜利的知识型将领的哲学与战略》（片野道郎著，河出书房新社）（日语书名：《モウリーニョの流儀　勝利をもたらす知将の哲学と戦略》——译注）等。

39. 《决断力》

羽生善治著，角川one主题21，2005年

如果要问在现在这个社会中谁最有思考能力，无疑应该是羽生善治。羽生善治的书无论哪一本都很出色，里面充满了名言。和羽生善治生在同一时代，我真的感到很幸运，如果不行使第一时间读他书的权利的话，岂不是太可惜了？

哪怕你不喜欢象棋，也能从羽生先生的书中学到很多东西。

如果你以不懂象棋为由而不读的话，那也是浪费，因为读之必有收获。

羽生先生的书还有很多，如《大局观：不输给自己的精神》（角川one主题21）（日语书名：《大局観　自分と闘って負けない心》——译注）、《直观力》（PHP新书）（日语书名：《直観力》——译注）、《舍弃力》（PHP文库）（日语书名：《捨てる力》——译注）等，请先读一本吧。

40. 《向前一步：女性、工作及领导意志》

谢丽尔·桑德伯格著，村井章子译，日本经济新闻出版社，2013年

（中译本：颜筝译，中信出版社，2013年——译注）

本书是Facebook的COO（首席运营官）谢丽尔·桑德伯格（Sheryl Sandberg）女士的著作。

大家普遍认为，美国是一个在女性参与社会工作方面走在很前沿的国家。但是，即使这样，在美国，企业中成为领导者的女性还是很少。桑德伯格女士算得上出色的商业精英，取得了很好的成绩，然而，即便是她还是万事谨慎小心，深为各种人际关系所困扰。

本书中，她通过回顾自己的人生经历，阐述了女性要在社会上工

作需要重视的问题、为了更容易工作而需要注意的问题等。

职场上的女性当然应该读一下这本书，即使男性也应该一读。

41.《不看好的经营：团队DeNA的挑战》

南场智子著，日本经济新闻出版社，2013年

作者南场智子女士是DeNA的创始人。

书中写道，她原在麦肯锡公司担任顾问，后来辞职创建了DeNA公司。公司起步初始运营得并不顺利，这是因为理论与实践完全脱节，她在担任麦肯锡顾问时期的那些知识，在实际的经营管理上丝毫不起作用。于是，她开始探索，从不被看好的经营做起，最终将DeNA发展成了大型企业。

南场智子女士从一个试图将最新的经营理论贯穿于企业发展的精英顾问，成长为真正意义上的企业家，从她跌宕起伏的人生中，我们一定能学到很多。

42.《销售的力量：抓住人心的推销术》

铃木敏文著，文春新书，2013年

铃木敏文先生创建了日本7-Eleven公司，现在是Seven&I控股股份公司的会长兼CEO，是日本代表性的企业家。

他出过好几本书，我也出过一本与他对谈的书《经营革新的极意》（Magazine House）（日语书名：《ビジネス革新の極意》——译注）。我们能从他的书中受到启发，如果要找一本最新的、既轻便又便宜的书，我首先推荐的就是这本《销售的力量：抓住人心的推销术》。

通过这本书我们能非常清楚地了解7-Eleven公司是如何创新的，是如何成功创建企业品牌的。

7-Eleven公司成功的理由就在于，百分之百地站在顾客的立场上来考虑问题，只要走进店铺顾客就一定能发现自己期待的新商品，他们就是坚持用这种理念来建设店铺的。有时，我也被邀请去参加Seven&I公司的新职员入职典礼并讲话，每当此时，铃木敏文先生一定会说的一句话就是“不要忘记顾客的眼光”。并且，他还反复强调“不要去追第二条蚯蚓”。

关于这句话，他在书中写道：“即便在物质丰富的时代，顾客也总是求新的。换句话说，就算你模仿了别人，‘第二条蚯蚓’也是卖不出去的。”

阅读杰出企业家的书，必定会对自己的工作有益。真可谓明天就能用上的知识，书中比比皆是。

43.《我的思考》

本田宗一郎著，新潮文库，1996年

读企业家的书，能深感他们背负公司的魄力，从而受到激励。例如，本田技研工业的创始人本田宗一郎的书，我读过好几本。

读《我的思考》和《顺风扬帆》（三笠书房）（日语书名：《得手に帆揚げて》——译注）一定会让你信心倍增。例如，“研究所不是博士制造所”“高工资才能富国”等内容如今都已经成为普世价值了。

44. 《日本电产永守主义的挑战》

日本经济新闻社编，日经经济文库，2008年

这是日本电产的创始人永守先生的书，我第一次读到它时受到了很大震撼。

永守先生是依靠出色手腕让企业东山再起的企业家，当时他并没有实施裁员，推行的是意识改革。他首先进行整理整顿，要求职员们按照指示干好最基础的工作。

像阅读永守先生这种企业家所写的书的妙趣，不在于书桌上的知识，而是他的实际经历带给我们的启示。企业家犹如足球教练，不带领自己的下属向着共同的目标奔跑是无法取得成功的。

身处职场中的人，如果读书的话，就应该选择在商场的第一线打拼而实际获得成功的人的书，他们说话的分量非比寻常。

45. 《松下幸之助的金言365》

松下幸之助著，PHP研究所编，PHP研究所，2010年

这是松下公司的创始人松下幸之助的著作。

松下幸之助有一本书《开辟道路》（PHP研究所）（日语书名：《道をひらく》——译注），创造了惊人的销售量，长期占据畅销书榜单。这本书是小巧玲珑的文库本，很方便携带。

在此我向大家推荐的《松下幸之助的金言365》，是从松下幸之助的语录中选取了特别精彩的365篇集结而成的，应该是按照一天读一篇的想法来设计的吧。

这真是一本好书，内容十分丰富，让人受益匪浅。从定价上来看，也许有人觉得比较贵，但书的厚度超过400页，很厚实，这样考虑的话反而应该觉得很便宜。

通过本书我们能充分领会松下幸之助的哲学，书中甚至还写了我们应该如何来活用他的哲学。

46. 《人的大地》

安东尼・德・圣-埃克苏佩里著，堀口大学译，新潮文库，1995年

本书作者是因童话《小王子》而闻名于世的安东尼・德・圣-埃克苏佩里（Antoinede Saint-Exupéry）的作品。

圣-埃克苏佩里做的是驾机送邮件的工作，书中写到他自己在撒哈拉沙漠紧急降落的亲身经历。本书可以从不同角度来阅读，我特别感动的是他对待工作的态度。

他对工作有着强烈的责任感，他让我们切身感受到，自己也是支撑这个世界的一分子，是和世界的建设联系在一起的。因此，在读这本《人的大地》时，我感到自己后背一下子变得直挺起来，明天起要勤奋工作的念头油然而生。

除本书之外，我还要推荐大家读一下《夜间飞行》[①]（新潮文库）。

另外，我收集了圣-埃克苏佩里的名言，翻译并集结成一本《圣-埃克苏佩里：星之言》（日语书名：《サン=テグジュペリ星の言葉》——译注），由大和文库出版，大家也可以和其他书放在一起读。

47. 《赤手空拳·巴黎侧影：藤田嗣治随笔选》

藤田嗣治著，近藤史人编，讲坛社文艺文库，2005年

藤田嗣治是世界级的画家，作为巴黎画派的代表画家之一活跃在画坛上，尤其是他画的“乳白色之肌肤”，受到广泛称赞，被认为无人能模仿。

---

① 中文译本收录在《风沙星辰》中，梅思繁译，湖南人民出版社，2012年——译注。

这本书是藤田嗣治写的随笔集。

或许有人觉得奇怪，为什么我要介绍这位画家写的书呢？因为藤田嗣治的确是只身一人赤手空拳来到巴黎打天下，最终成为法国的代表性画家而获得了巨大成功。在全球化的呼声极其高涨的当代，日本应该带着什么样的武器进入国际社会呢？藤田嗣治教会我们如何来进行这一战略性思考。

另外，他的传记《藤田嗣治“异乡人”的生涯》（近藤史人著，讲坛社文库）（日语书名：《藤田嗣治「異邦人」の生涯》——译注）也是一部十分出色的作品，希望大家也能读一下。

48. 《记忆中的扑克牌》

向田邦子著，新潮文库，1983年

这本书是剧作家、散文家、小说家向田邦子的作品集。

这是只有向田女士才能写出的书，洋溢着敏锐的感性，书中收录了她荣获直木奖的《花的名字》《犬小屋》《水獭》等作品。

读向田女士的作品总能让人感觉到她抓住了事物的本质，备受激励。当我们把握到作品中具体的社会生活、读取了细腻的心象轮廓，便会沉浸于作品的世界中，我除了钦佩还是钦佩。

如果你读了向田的作品之后而被她的敏锐感觉所感染，那么你一定会觉得自己的日常生活也多少有了些改变。

她出版的作品很多，其他如《男时、女时》（新潮文库）（日语书名：《男どき女どき》——译注）、《啊?嗯》（文春文库）（日语书名：《あ?うん》——译注）等。

49. 《写给君：四十年的恋歌》

河野裕子、永田和宏著，文春文库，2014年

我十分喜欢的诗人中有一对夫妻，就是河野裕子女士与永田和宏先生。两人在过去40年的岁月中互相写给对方的爱情诗文，集结成了这本文库版的《写给君：四十年的恋歌》。

书中描绘了夫妻二人细腻的情感以及全家人对深受病魔折磨的河野女士的关怀，读者无不为之动容。我想，在日本经历大地震后，日本人又开始重新回到重视家庭关系的原点上来了。

现代社会中，可能有很多人觉得组建家庭会带来太多的麻烦，还是一个人生活比较轻松。但是，当你读完这本书后，一定能体会到夫妻恩爱、一家人齐心协力地生活是多么充实的生活方式啊。

并且，本诗文集继承了《万叶集》以来的恋歌传统。日本人的恋歌传统，跨越了千百年的时空，又以这本卓越的诗文集的方式结出了新的硕果，从这一角度而言，这本诗文集也十分伟大。

同时，也为了更深地感知夫妻间的恩爱、家庭的温暖，感知日本文化的底蕴，请你读一读这本书吧。

50. 《一茶句集》（附现代译文）

小林一茶著，玉城司译注，角川Sophia文库

我向大家强烈推荐《一茶句集》这本书，它带有现代译文，能让人细细品味。

我为什么推荐这本书？因为书里有着投向微小生命的目光，就像我在第一章中所谈到的玛多·道雄先生那样的目光。与微小生命的共鸣，这是十分重要的感知力。因此，我希望大家能将本书与玛多·道雄先生众多的作品，与《佛典：经集》（中村元译，岩波书店）等书放在一起来阅读。

职场上的人，每天置身于繁忙的工作中，渐渐丧失了那样的目光。然而，一旦你丧失了那种目光，也就无法拥有充实的人生，我想。从这一意义上而言，如果将这本书始终放在手头，经常反复阅读的话，它一定能给予你人生的力量。

结束语

如果你读历史书的话，你一定会认为日本从明治维新开始快速实现了现代化，并使得日本独特的资本主义得以成熟，这确实是一个奇迹。

但是，奇迹不会凭空而起，奇迹诞生的土壤，无疑是江户时代的日本。我为什么这么说，因为那时的人们都热爱读书。回眸日本的历史，这一点显而易见。正如《江户时代的读书热：自学的读者与书籍流通》（铃木俊幸著，平凡社选书）（日语书名：《江戸時代の読書熱ー自学する読者と書籍流通》——译注）一书中所写的那样，江户时代流行着极甚的读书热。

江户时代，同样越是到了后期学习的风潮越是旺盛，每当出现新鲜事物时，便掀起一股大家读书学习的风潮，一直持续到明治时代以后。

读书，对当时的人来说是理所当然的，据说大家将伙食费节省下来用于读书。**这种学习热情与其他亚洲国家相比压倒性地高涨，这也是当下日本在世界上处于领先地位的主要原因。**

然而，当今的日本发生了巨大变化。我读到的写有东京大学学生读书情况的书中谈到，学生的藏书量在不断减少。可以举出的原因之一大概就在于，学生们能够通过互联网获得大量的信息，因而导致了集中精力系统学习有关知识的欲望，以及除了学校课堂上讲授的必要范围以外的读书欲望在逐渐下降。最终，不具备基本知识修养的人越来越多，这一点十分令人担忧。

在这一背景下，我对苹果公司创始人史蒂夫·乔布斯于2005年在斯坦福大学的毕业典礼上所作的“点与点”的演讲深有感触。他说：“第一个故事，是关于如何把人生中的点点滴滴串联起来。

“我在里德学院（Reed college）待了6个月就办休学了。到我退学前，一共休学了18个月。那么，我为什么休学？”

说了上面这段开场白后，他谈了自己的出生、被人收养的经过、上了大学后看不到其中的价值以及为了上学几乎花光父母一辈子的所有积蓄而因此退学等经历。

乔布斯在退学时似乎也感到了恐惧。但是，之后他在里德大学学习了书法，他说这在他后来设计第一台麦金塔电脑时直接派上了用处。

他接着说："当然，当我还在大学里时，不可能把这些点点滴滴预先穿在一起，但是这在10年后回顾，就显得非常清楚。

"我再说一次，**你不能预先把点点滴滴穿在一起；唯有在回顾未来时，你才会明白那些点点滴滴是如何串联在一起的。所以你得相信，你现在所体会的东西，将来必然会以某种形式连接在一起。"**

之后，他谈到在苹果公司达到极盛期时自己的想法，坦言自己接受癌症治疗手术的经历，最后用一句"求知若渴、虚心若愚"结束了感人至深的演讲。

这一"求知若渴"大概便是"对各种事物的敬畏"，我想，"虚心若愚"则意味着不满足于现状，保持追求更好更完美的欲望吧。

据说这一名句也是乔布斯先生从他读过的书上引用来的。不管怎么说，无论他设计的iPhone也好、iPad也好，这些创意，都是他将从过去所读的书中和上过的课上学到的知识通过各种组合创造出来的。

在我们读书的时候，也不能预先把点点滴滴穿在一起。但是，读一本书，便意味着能切实地让自己的内心拥有一个点。

我无法知道是否能马上学以致用，但我们必须读书。这么做，是为了让自己拥有更多的点。坚持这么做，必定有那么一天，点与点会串联在一起。

我今天也在读书。就让我们一起，一点一点地增加自己心中的点吧。

◇为了便于读者查阅本章中作者所推荐的图书，书名译文与日语原著书名见下列对照表：

1.《自私的基因》

《利己的な遺伝子》（増補新装版）

リチャード・ドーキンス著、日高敏隆・岸由二・羽田節子・垂水雄二訳，紀伊国屋書店，2006年発行

2.《知识的逆转》

《知の逆転》

吉成真由美インタビュー・編，NHK出版新書，2012年発行

3.《宇宙是由什么构成的》

《宇宙は何でできているのか》

村山斉著，幻冬舎新書，2010年発行

4.《了解世界的理科名著》

《世界がわかる理系の名著》

鎌田浩毅著，文春新書，2009年発行

5.《进化过头的大脑——写给高中生的最前沿“大脑生理学”》

《進化しすぎた脳　中高生と語る「大脳生理学」の最前線》

池谷裕二著，講談社ブルーバックス，2007年発行

6.《新生物学教科书》

《新しい生物学の教科書》

池田清彦著，新潮文庫，2004年発行

7.《趣味十足、一目了然！心理学读本》

《面白いほどよくわかる！　心理学の本》

渋谷昌三著，西東社，2010年発行

8.《可以躺着学习的结构主义》

《寝ながら学べる構造主義》

内田樹著，文春新書，2002年発行

9.《马铃薯的世界史》

《ジャガイモの世界史》

伊藤章治著，中公新書，2008年発行

10.《重读日本历史》(全)

《日本の歴史をよびなおす》（全）

網野善彦著，ちくま学芸文庫，2005年発行

11.《常用字解》(第二版)

《用漢字解》（第二版）

白川静著，平凡社，2012年発行

12.《汉字与日本人》

《漢字と日本人》

高島俊男著，文春新書，2001年発行

13.《一本书了解佐藤可士和［2000—2010］》

《一冊まるごと佐藤可士和。「2000—2010」》

ペン編集部編，阪急コミュニケーションズ（PenBOOKS），2010年発行

14.《穷人的银行家》

《ムハマド・ユヌス自伝》

ムハマド・ユヌス＆アラン・ジョリ著、猪熊弘子訳，早川書房，1998年発行

15.《代表性的日本人》

《代表的な日本人》

内村鑑三著、鈴木範久訳，岩波文庫，1995年発行

16.《劝学篇》

《学問のすすめ》

福沢諭吉著、伊藤正雄校註，講談社学術文庫，2006年発行

17.《福翁自传》

《福翁自伝》

福沢諭吉著、昆野和七校訂，角川ソフィア文庫，2008年発行

18.《论语与算盘》

《論語と算盤》

渋沢栄一著，角川ソフィア文庫，2008年発行

19.《五轮书》

《五輪書》

宮本武くら著、鎌田茂雄訳注，講談社学術文庫，1986年発行

20.《卡内基自传》

《カーネギー自伝》

アンドリュー・カーネギー著、坂西志保訳，中公文庫，2002年発行

21.《富兰克林自传》（改版）

《フランクリン自伝》（改版）

フランクリン著、松本慎一・西川正身訳，岩波文庫，1957年発行

22.《推理小说的写作手法》

《ミステリーの書き方》

日本推理作家協会編著，幻冬舎，2010年発行

23.《练就漫画家大脑的方法》

《マンガ脳の鍛えかた》

門倉紫麻インタビュー・文，集英社，2010年発行

24.《对高达一代的建言——富野由悠季对谈集》I~III

《ガンダム世代への提言　富野由悠季対談集》I~III

富野由悠季著，KADOKAWA，2011年発行

25.《古埃及智慧图鉴》

《古代エジプトうんちく図鑑》

芝崎みゆき画・文，バジリコ，2004年発行

26.《大江户节能概况》

《大江戸省エネ事情》

石川英輔著，講談社文庫，2009年発行

27.《商家的家训——经营者的宏愿》

《商家の家訓　経営者の熱きこころざし》

吉田實男著，清文社，2010年発行

28.《卓有成效的管理者》（德鲁克管理经典第一辑）

《経営者の条件》（ドラッカー名著集１）

P・F・ドラッカー著、上田惇生訳，ダイヤモンド社，2006年発行

29.《第五项修炼：学习型组织的艺术与实践》

《学習する組織　システム思考で未来を創造する》

ピーター・M・センゲ著、枝廣淳子・小田理一郎・中小路佳代子

訳，英治出版，2011年

30.《从优秀到卓越》

《ビジョナリーカンパニー2　飛躍の法則》

ジム・コリンズ著、山岡洋一訳，日経BP社，2001年発行

31.《魔球：逆境中制胜的智慧》

《マネー・ボール》

マイケル・#ルイス著、中山宥訳，ハヤカワ・ノンフィクション文庫，2012年発行

32.《创意法》

《発想法》

川喜田二郎著，中公新書，1967年発行

33.《身心合一的奇迹力量》

《新インナーゲーム　心で勝つ！　集中の科学》

W・T・ガルウェイ著、後藤新弥訳・構成，日刊スポーツ出版社，2000年発行

34.《黑心企业：压垮日本的妖怪》

《ブラック企業　日本を食いつぶす妖怪》

今野晴貴著，文春新書，2012年

35.《通货紧缩的真相：经济随“人口之波”而动》

《デフレの正体　経済は「人口の波」で動く》

藻谷浩介著，角川oneテーマ21，2010年発行

36.《少子社会日本：另一种格差的动向》

《少子化社会日本　もうひとつの格差のゆくえ》

山田昌弘著，岩波新書，2007年発行

37.《约翰·克鲁伊夫论足球》

《ヨハン・クライフ　サッカー論》

ヨハン・クライフ著、木崎伸也・若水大樹訳，二見書房，2014年発行

38.《何塞·穆里尼奥》

《ジョゼ・モウリーニョ》

ルイス・ローレンス・ジョゼ・モウリーニョ著、西田明彦日本語版監修、西竹徹訳，講談社，2006年発行

39.《决断力》

《決断力》

羽生善治著，角川oneテーマ21，2005年発行

40.《向前一步：女性、工作及领导意志》

《LEANIN女性、仕事、リーダーへの意欲》

シェリル・サンドバーク著、村井章子訳，日本経済新聞出版社，2013年発行

41.《不看好的经营：团队DeNA的挑战》

《不格好経営　チームDeNAの挑戦》

南場智子著，日本経済新聞出版社，2013年発行

42.《销售的力量：抓住人心的推销术》

《売る力　心をつかむ仕事術》

鈴木敏文著，文春新書，2013年発行

43.《我的思考》

《俺の考え》

本田宗一郎著，新潮文庫，1996年発行

44.《日本电产永守主义的挑战》

《日本電産永守イズムの挑戦》

日本経済新聞社編，日経ビジネス人文庫，2008年発行

45.《松下幸之助的金言365》

《松下幸之助の金言365》

松下幸之助著、PHP研究所編，PHP研究所，2010年発行

46.《人的大地》

《人間の土地》

サン＝テグジュペリ著・堀口大学訳，新潮文庫，1995年発行

47.《赤手空拳·巴黎侧影：藤田嗣治随笔选》

《腕一本・巴里の横顔　藤田嗣治エッセイ選》

藤田嗣治著、近藤史人編，講談社文芸文庫，2005年発行

48.《记忆中的扑克牌》

《思い出トランプ》

向田邦子著，新潮文庫，1983年発行

49.《写给君：四十年的恋歌》

《たとへば君　四十年の恋歌》

河野裕子・永田和宏著，文春文庫，2014年発行

50.《一茶句集》（附现代译文）

《一茶句集　現代語訳付き》

小林一茶著、玉城司訳注，角川フォフィア文庫，2013年発行